Bauten der Macht

Gebrannte Größe

„Man muß immer das gemeinsame Beste sehen."

Hinrich Castorp auf dem Hansetag 1487

Wir danken den Hansestädten Lübeck, Wismar, Rostock, Stralsund, Greifswald und den Mitarbeitern in den Museen und Archiven für die gute Zusammenarbeit sowie den Mitarbeitern der Landesregierungen von Mecklenburg-Vorpommern und Schleswig-Holstein für ihre hilfreiche Unterstützung. Unser Dank gilt auch der Redaktion der Zeitschrift Monumente und den Kollegen in der Deutschen Stiftung Denkmalschutz. Sie alle haben sich nach Art der Hanse zu einer Gemeinschaft zusammengefunden, die das Gelingen dieses Buches ermöglicht hat.

Träger der Ausstellung

MECKLENBURG-VORPOMMERN

SCHLESWIG-HOLSTEIN

EVANGELISCHE LANDESKIRCHEN IN MECKLENBURG-VORPOMMERN

DEUTSCHE STIFTUNG DENKMALSCHUTZ

Förderer der Ausstellung

NDR

Alfried Krupp von Bohlen und Halbach-Stiftung

NORD/LB

POSSEHL-STIFTUNG

Sparkasse zu Lübeck

IHK Lübeck

Gefördert aus Mitteln des Beauftragten der Bundesregierung für Angelegenheiten der Kultur und der Medien durch die KulturStiftung der Länder

OZ Ostsee-Zeitung

LN Lübecker Nachrichten

GFI

Ausstellung in St. Marien zu Wismar
im Rahmen der Initiative
„Wege zur Backsteingotik“

Gebrannte Größe

Bauten der Macht

Eine Kirchenbaustelle im Mittelalter

MONUMENTE Publikationen
der Deutschen Stiftung Denkmalschutz

Inhalt

Vorwort

Bauten der Macht – Das Erbe der Backsteingotik in Wismar

Die Hansestadt Wismar erkennt der Reisende schon von weitem. Mächtig überragen die Silhouetten der mittelalterlichen Backsteinkirchen die Dächer der Stadt. Sie künden bis heute von Bürgerstolz und Gottesfurcht ihrer Erbauer, von Wohlstand und weltlichem Wetteifern, von der Kraft des Gemeinwesens und der Verwurzelung im Glauben.

Von der norddeutschen Backsteingotik schrieb Georg Dehio, der berühmte deutsche Kunsthistoriker: „Sie ist selbstbewusst ohne Selbstgefälligkeit, sachlich ohne Nüchternheit, ernst ohne Kälte...". In diesen Bauten spiegeln sich die Menschen, die Geschichte und Kultur unseres Landes.

Mit seiner einzigartigen mittelalterlichen Backsteinarchitektur besitzt Mecklenburg-Vorpommern ein kulturelles Erbe von Weltrang. Die Backsteingotik ist eine der bedeutendsten Schöpfungen der europäischen Kulturgeschichte. Und sie ist im besten Sinne eine europäische Schöpfung. Die Backsteinkirchen sind bis heute ein Zeugnis für das grenzüberschreitende Denken und Handeln, das die Länder rings um das „mare balticum" jahrhundertelang geprägt und verbunden hat, und das auch heute im zusammenwachsenden Europa wieder Grenzen überwindet.

Welche Leistung unsere Vorfahren bei der Errichtung dieser Monumente vollbrachten, wird uns meist erst bei der Sanierung ihrer Werke bewusst. Wer waren die Menschen, die diese gewaltigen Bauten begonnen hatten, mit dem Willen, etwas zu schaffen, das die Zeit überdauert? Woher kamen sie? Wie arbeiteten sie? Welche Werkzeuge standen ihnen zur Verfügung? Wie funktionierte der Baubetrieb und wer finanzierte das Ganze? Diese Fragen rund um die mittelalterliche Baukunst in Geschichte und Gegenwart stehen im Mittelpunkt der Ausstellung in Wismar.

Die Hansestadt Wismar vermittelt dem Besucher einen Eindruck davon, welchen Reichtum an Baudenkmälern Mecklenburg-Vorpommern besitzt. Zu Recht bewirbt sich Wismar zusammen mit der Hansestadt Stralsund um einen Platz auf der UNESCO-Liste des Welterbes der Menschheit.

Die Besucher neugierig zu machen auf die einmalige Backsteinarchitektur an der Ostsee und damit für den Kultur- und Bildungstourismus in Mecklenburg-Vorpommern zu werben, aber auch Verständnis und Engagement für die Erhaltung dieser wertvollen und typischen Kulturdenkmale zu wecken, ist ein Ziel dieser Ausstellung.

Wie kaum ein anderes Werk ist der Wiederaufbau von St. Georgen in Wismar, Deutschlands größter Kirchenbaustelle, in den Jahren seit der politischen Wende zu einem Symbol für das kulturelle Zusammenwachsen des wiedervereinigten Landes geworden. Mein herzlicher Dank gilt allen, die dazu beigetragen haben.

Ebenso danke ich allen, die diese Ausstellung auch hier in Wismar ermöglicht haben. Ich danke Herrn Professor Kiesow von der Deutschen Stiftung Denkmalschutz für seine Initiative und Tatkraft sowie allen seinen Mitarbeiterinnen und Mitarbeitern. Ich danke allen Förderern der Ausstellung, der Evangelisch-Lutherischen Landeskirche Mecklenburgs und der Pommerschen Evangelischen Kirche, der Stadt und den umliegenden Gemeinden, dem Norddeutschen Rundfunk, der Alfried Krupp von Bohlen und Halbach-Stiftung, der Kulturstiftung der Länder und der NordLB für ihre ideelle und finanzielle Unterstützung. Ich wünsche dieser Ausstellung in Wismar viel Erfolg und den Besuchern eine faszinierende Begegnung mit den „Bauten der Macht"!

Dr. Harald Ringstorff
Ministerpräsident von Mecklenburg-Vorpommern

GEBRANNTE GRÖSSE

Wege zur Backsteingotik

Das gemeinsame Plakatmotiv der Fünf-Städte-Ausstellung

Jede der fünf Hansestädte Lübeck, Wismar, Rostock, Stralsund und Greifswald zeigt eine andere Facette des vielseitigen Ausstellungsthemas, einen der „Bausteine" zum Verständnis der norddeutschen Backsteingotik. Wie in Wismar waren zur Blütezeit der Hanse im 14. Jahrhundert alle Hansestädte regelrechte „Großbaustellen", auf denen innerhalb weniger Jahrzehnte mehrere Kirchen, unzählige Speicher und Bürgerhäuser sowie massive Stadtmauern errichtet wurden. Die Grundlagen für diesen „Bauboom" schuf der Wirtschaftsbund der Hanse.

Lübeck war der Ausgangspunkt, Drehscheibe des nordeuropäischen Fernhandels und damit einhergehend der hansischen Kultur. Die Ausstellung im Holstentor, dem Symbol des hansestädtischen Selbstbewusstseins schlechthin, vermittelt einen Einblick in den Alltag der Kaufleute in einer Hansestadt.

In der Stralsunder Ausstellung dreht sich alles um die Seefahrt, die Voraussetzung für den Austausch rund um die Ostsee. Originale Schiffsfunde, Seekarten, Modelle und Darstellungen auf Siegeln und Gemälden stellen die Kogge, das hansische Schiff, in den Mittelpunkt. Zahlreiche Ausstellungsstücke geben auch einen Ausblick auf die Entwicklung des Schiffbaus bis in unsere Zeit.

Die Ausstellung in Rostock widmet sich den baulichen Details. Aus einfachen Backsteinen oder besonderen Formsteinen zusammengesetzt, tragen die Schmuckformen wesentlich zu der Faszination bei, die von den Werken der Backsteingotik ausgeht. Die Vicke-Schorler-Rolle, ein riesiges gezeichnetes Stadtpanorama aus dem 16. Jahrhundert, zeigt das Bild einer Hansestadt aus dem Blickwinkel des Zeitgenossen.

Die Hanse. Macht des Handels

Der Lübecker Fernhandelskaufmann. Lübeck, Holstentor

Maritime Macht

Schiffe, Ostsee und Piraten. Stralsund, Katharinenkloster

In Greifswald bietet die Kirche St. Jakobi den Rahmen für eine ungewöhnliche Ausstellungskonzeption: Sechs historische Persönlichkeiten, überlebensgroß in Ton gebrannt, formulieren im Disput ihren jeweiligen Glauben. Erst der Einblick in die Glaubenswelt lässt die Formensprache der Gotik und der Backsteingotik verstehen. In einem nachgebauten klösterlichen Skriptorium wird die Schrift als Träger der geistigen Botschaft erlebbar. Ein liebevoll angelegter Kräutergarten steht stellvertretend für das himmlische Paradies.

Die Sprache der Steine

Schmuckformen ·r Backsteingotik. Rostock, Kloster zum Heiligen Kreuz

Dialog des Geistes

Geist und Religion im Mittelalter. Greifswald, St. Jakobi

Vorwort

Liebe Leserin, lieber Leser,

„Gebrannte Größe – Wege zur Backsteingotik". Hinter dieser Überschrift verbirgt sich ein herausragendes kulturelles und touristisches Projekt. Fünf Hansestädte aus zwei Bundesländern beteiligen sich mit unterschiedlichen Schwerpunkten daran. In verschiedenen Facetten werden Ihnen die Wege der Backsteingotik als gemeinsames kulturelles Erbe nahe gebracht. Sie verbinden die Städte in alter hanseatischer Tradition. Verbindungen, die durch die Rolle des Kaufmanns, den Seehandel und die Religion zur Blüte der Ostseeregion geführt haben. Eine Blüte, die in den Bauwerken der Backsteingotik ihren Höhepunkt findet.

Das Stadtsiegel Wismars aus der Hansezeit

„Bauten der Macht", so der Titel des Wismarer Beitrags, bringt Ihnen einen besonderen Teil dieser mittelalterlichen Baukunst näher. Drei herausragende Beispiele, die mächtigen Backsteinkathedralen St. Georgen, St. Nikolai und der Turm von St. Marien sind noch heute weithin sichtbare Zeugen dieser Zeit. Sie entstanden im Wettbewerb und im Kräftemessen mit den benachbarten Hansestädten. In den mächtigen Bauten wurden Reichtum und Bedeutung der Städte sichtbar. Bereits das Plakatmotiv der Wismarer Ausstellung bringt es zum Ausdruck – ein mächtiger, emporstrebender Baukörper. Einen Baukörper, der eine Verbindung aus Bürgerstolz und Glauben darstellt. Er ist Symbol für die erfolgreiche Verbindung von geistlicher und weltlicher Macht.

Kommen Sie mit uns auf eine faszinierende Reise in die Vergangenheit und erleben Sie am Beispiel von St. Marien in Wismar die Entstehung eines solchen Bauwerks. Vom Ausmessen des Grundrisses bis zur Ausstattung der fertigen Kirche erfahren Sie in einzigartiger Weise die Geschichte des Kirchenbaus. Die Kirchenbaustelle wird vor Ihren Augen lebendig. Durch die einmalige Kombination einer 3-D-Filmprojektion mit dem Nachbau mittelalterlicher Gerätschaften können Sie die enorme Leistung der mittelalterlichen Baumeister hautnah miterleben und fühlen sich ins Mittelalter zurückversetzt.

Diese Leistung war nur durch den raschen wirtschaftlichen Aufschwung Wismars im 13. Jahrhundert möglich. Dank seiner günstigen geographischen Lage an einem natürlichen Hafen und am von Lübeck ostwärts führenden Fernhandelsweg entstand innerhalb weniger Jahrzehnte eine Gesamtstadt, die von den drei großen Kirchen überragt wird. Ein Reichtum, der noch heute im Stadtgebiet sichtbar ist und eine besondere Verpflichtung vor der Vergangenheit darstellt. Zerstörungen in den letzten Tagen des Zweiten Weltkriegs und jahrzehntelange Vernachlässigung erfordern heute größte Anstrengungen zur Sanierung dieser herausragenden Zeitzeugen.

Ein besonderes Beispiel ist St. Georgen, die im ausgehenden 20. Jahrhundert eine große gotische Baustelle geworden ist. Dank der Unterstützung vieler Bürgerinnen und Bürger der Stadt und zahlreicher Spender sowie der großzügigen Förderung der Deutschen Stiftung Denkmalschutz, die St. Georgen seit 1990 zu ihrem größten Förderprojekt werden ließ, ist schon viel erreicht worden. Über Chor, Querhäusern und Langhaus ist das Dach geschlossen. Einige Bereiche konnten bereits gewölbt werden. Während der Bauzeit steht St. Georgen auch schon für unterschiedlichste Veranstaltungen offen und wird von Wismarern und Gästen gern besucht.

Auch der Turm und die Turmkapellen von St. Marien können erst durch die großzügige Unterstützung der Deutschen Stiftung Denkmalschutz in ihrem jetzigen Zustand präsentiert werden und bilden so einen einmaligen Rahmen für die Ausstellung.

Dank gilt an dieser Stelle den Sponsoren und Förderern, wie dem NDR, der Alfried Krupp von Bohlen und Halbach-Stiftung, der Nord/LB, der Kulturstiftung der Länder, die durch ihre Unterstützung dieses einzigartige Ereignis in fünf Städten ermöglichen.

Einen besonderer Dank gilt auch den Firmen und den Mitarbeiterinnen und Mitarbeitern, die durch ihren Einsatz und ihre Bereitschaft dazu beitragen, dieses einmalige Erlebnis zu präsentieren.

„Gebrannte Größe – Wege zur Backsteingotik" ist der Auftakt für eine neue Form des Kultur- und Städtetourismus. Entdecken Sie das bedeutsamste Kulturerbe des Ostseeraumes in immer neuen Eindrücken.

Freuen Sie sich auf die Ausstellung. Ich wünsche Ihnen ereignisreiche Tage in unserer schönen Stadt.

Dr. Rosemarie Wilcken
Bürgermeisterin der Hansestadt Wismar

WIIS MA
S·Maria
S·Niclaus
Graw Closter
Wasser Thor
Rathhaus
Poler Thor
MARIS BALTICI PARS

Béatrice Busjan

Tüchtige Kaufleute, verwegene Handwerker, ehrwürdige Seeräuber

Wismar im Mittelalter

Seiten 12, 13: „Wismaria" 1598 – Kupferstich nach einer Zeichnung des Wismarer Ratsherrn Georg Jule von 1595. Der Stich stellt den Höhepunkt Wismarer Stadtansichten des 16. Jahrhunderts dar. Der Anbindung Wismars an die Ostsee und den städtischen Hafenanlagen wird fast mehr Aufmerksamkeit gewidmet als der Stadtsilhouette, die sich im Bildhintergrund entfaltet.

Einem natürlichen Hafen an der Ostseeküste zwischen Lübeck und Rostock sowie einem kleinen Fluss verdanken wir die ersten Erwähnungen Wismars. Im sogenannten Wendenkreuzzug 1147 sollen die dänischen Könige Svend Grade und Knut Magnusson in der Wismarer Bucht an einem Platz angelandet sein, der „Wizmar Havn" genannt wurde. Als Heinrich der Löwe zwanzig Jahre darauf, 1167, das Gebiet des Ratzeburger Bistums festlegte, zog er die östliche Grenze „ad aquam Wissemaram", bei dem Gewässer Wissemara. Wenige Jahrzehnte später, 1211, gestattete Kaiser Otto IV. den Schwerinern, neben einer beliebigen Zahl kleiner Fahrzeuge auch zwei größere Schiffe im Hafen von Wismar halten zu dürfen.

Wenn auch der im 12. Jahrhundert erwähnte Landeplatz wohl nicht mit dem gegenwärtigen Hafen identisch ist – sicher ist, dass sich Anfang des 13. Jahrhunderts dauerhaft Siedler am Ort der heutigen Stadt Wismar niederließen. Die Gründung Wismars wird ebenso wie die Rostocks dem Schweriner Fürsten Heinrich Borwin zugeschrieben. Aus dem Todesjahr Heinrich Borwins 1227 leitet sich das oft genannte Gründungsjahr Wismars 1226 ab. Der Status einer Stadt ist jedoch urkundlich erstmals 1229 fassbar, als der Nachfolger Heinrich Borwins, Fürst Johann, den Bürgern Wismars ein Stück Land überlässt. Die Siedler stammten – so lautet die wahrscheinliche Schlussfolgerung aus ihren Familiennamen – wohl aus Niedersachsen, Holstein, Westfalen und der Mark. Der rasche Aufschwung der neu gegründeten Siedlung ist auch auf die günstige geographische Ausgangssituation zurückzuführen: Landseitig lag Wismar an dem Fernhandelsweg, der von Lübeck gen Osten führte. Seeseitig bot der natürliche Hafen am südöstlichen Ende der Wismarer Bucht ideale Bedingungen für Handel und Wachstum. Er war durch den di-

rekten Ostseezugang sowie die vorgelagerte Insel Poel hervorragend vor Versandung geschützt und konnte dadurch von Anfang an – man denke an das eingangs erwähnte Privileg Kaiser Ottos IV. – auch von größeren Schiffen genutzt werden. Die unmittelbar vor der Stadt gelegene Insel Walfisch bot Wismar darüber hinaus militärischen Schutz und sollte im Laufe der Geschichte mehrfach fortifikatorische Bedeutung erlangen.

Innerhalb weniger Jahrzehnte entstand im 13. Jahrhundert aus mehreren Zentren, die ursprünglich sogar mit Palisadenzäunen voneinander abgegrenzt waren, eine Gesamtstadt mit drei Stadtteilen (Abb. 1). Die direkt am Hafen gelegene Siedlung um St. Nikolai und die Marktstadt um St. Marien wuchsen bis 1238 zusammen. Den westlichen Rand dieser Stadt markierte bei seiner Gründung 1249 das Heiligen-Geist-Hospital. Doch diese Grenze bestand nicht lange. Da der Zuzug von Siedlern unverändert anhielt, entwickelte sich ab 1250 westlich ein dritter Stadtteil, die Neustadt mit St. Georgen als Pfarrkirche (Abb. 2, 3 und 4). Auch die großen Bettelorden des Mittelalters interessierten sich für die aufstrebende Stadt. In der zweiten Hälfte des 13. Jahrhunderts gründeten die Franziskaner und die Dominikaner Niederlassungen in Wismar. Außerdem waren die in der Umgebung Wismars ansässigen, ländlich orientierten Orden mit Wirtschaftshöfen in der Stadt präsent: Die Doberaner Zisterziensermönche erwarben bereits 1313 ein ca. 3000 m² großes Grundstück an der Mühlenstraße für diese Zwecke. Die Antoniter aus Tempzin ließen sich vor 1438 in unmittelbarer Nähe zu St. Georgen nieder. Das Torgebäude zu ihrem Wirtschaftshof an der Papenstraße ist noch heute erhalten.

Das Netz aus Straßen und Plätzen im Inneren der Stadt wurde durch ein Kanalsystem ergänzt, das die Bewohner mit dem

Abb. 1: Älteste Wismarer Stadtansicht, 1550/55. Aus dem Mittelalter ist keine Ansicht Wismars überliefert. Mit der Abbildung von 1550 blickt man von Westen auf das vieltürmige Wismar. Als charakteristische und markante Gebäude sind die drei Stadtpfarrkirchen, die Klöster und das Mecklenburger Tor am südlichen Stadtausgang benannt. Die hohen Türme von St. Nikolai und St. Marien sprengen das Format des Holzschnitts von Martin Weigel.

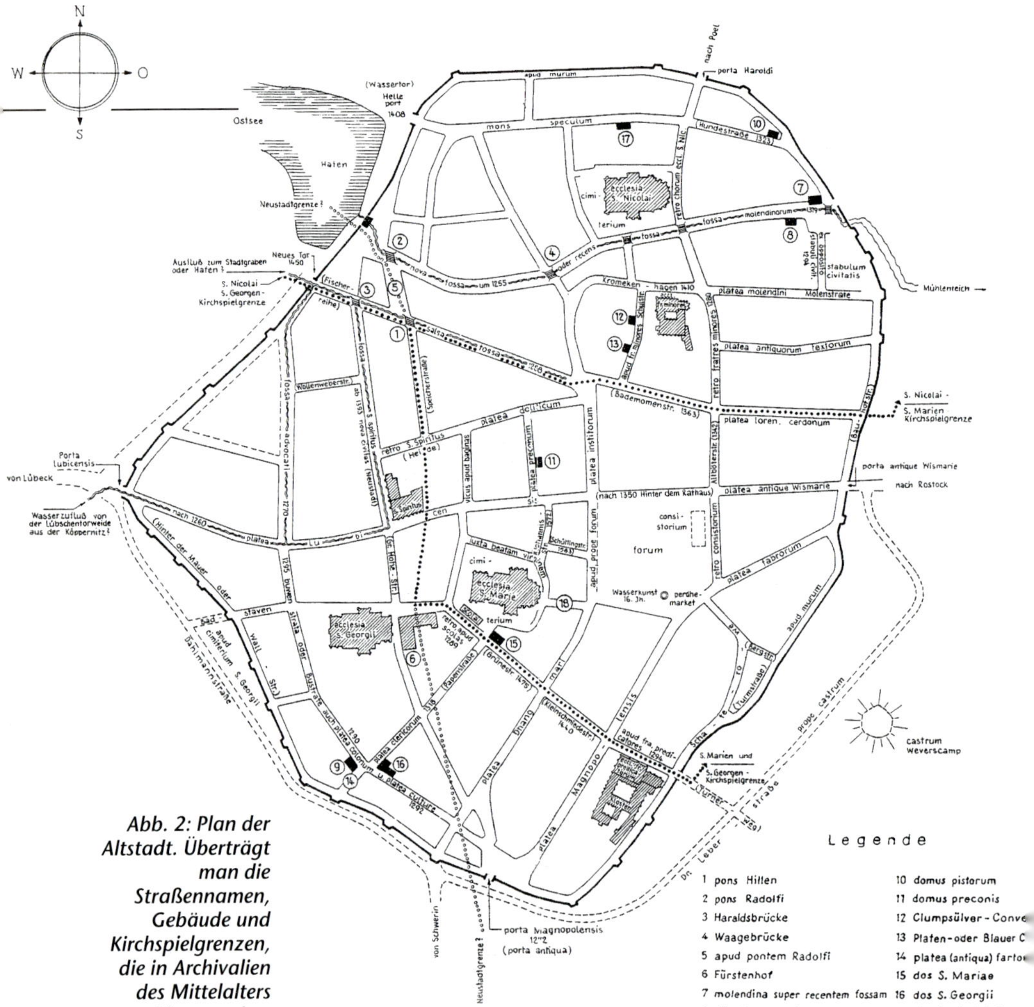

Abb. 2: Plan der Altstadt. Überträgt man die Straßennamen, Gebäude und Kirchspielgrenzen, die in Archivalien des Mittelalters erwähnt werden, in einen heutigen Wismarer Stadtplan, kommt man dem Bild der mittelalterlichen Stadt sehr nahe.

wertvollen Süßwasser versorgte und dem Warentransport diente. Der älteste dieser Wasserläufe ist bis heute erhalten: Die Grube, die im nördlichen Teil der Stadt von den Mühlenteichen abzweigt und im Alten Hafen mündet, wurde 1255 erstmals erwähnt. Ähnliche Kanäle befanden sich entlang der heutigen Breiten Straße, Claus-Jesup-Straße und in dem Straßenzug der Neustadt. Mit dem Jahr 1276 war der Prozess der ersten städtebaulichen Integration vollendet: Wismar begann den Bau einer steinernen, alle Stadtteile umfassenden, ringförmigen Befestigungsmauer. Gleichzeitig verschaffte sich die Stadt durch den planmäßigen Erwerb umliegender Dörfer und Ländereien außerhalb ihrer Stadtmauer ein beträchtliches Weichbild.

Abb. 3: Vogelschauansicht von Wismar, 1653: Als diese Ansicht Wismars in der von Matthäus Merian d. Ä. initiierten „Topographia" erschien, hatte die Stadt den Dreißigjährigen Krieg mit der Besetzung durch die kaiserlichen Truppen unter Wallenstein 1627 sowie durch die Schweden 1632 überstanden.

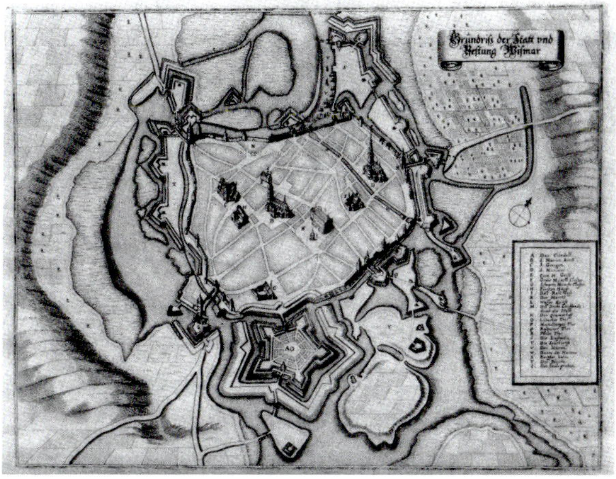

Abb. 4: Aus der Luft sind die erhaltenen mittelalterlichen Strukturen Wismars besonders deutlich erkennbar: Der Stadtgrundriss, der Straßenverlauf und die Quartiere gehen im wesentlichen auf die Gründungszeit der Stadt zurück.

Abb. 5: Teile der ab 1276 errichteten Stadtmauer Wismars sind noch am südöstlichen Altstadtrand in unmittelbarer Nähe des ehemaligen Dominikanerklosters zu sehen. Ab 1865 legte man die Mauer größtenteils nieder, um der wachsenden Stadt Platz zu schaffen.

Diese Stadtstrukturen, die innerhalb von wenigen Generationen entwickelt wurden, genügten fast 600 Jahre allen Anforderungen und hielten auch in der beginnenden Neuzeit den städtebaulichen Entwicklungen stand. Erst im 19. Jahrhundert sprengte Wismar seine im 13. Jahrhundert abgesteckten Grenzen (Abb. 5).

Der Landesherr

Den Wendepunkt in der Entwicklung einer Siedlung vom Dorf zur Stadt bildete stets die Verleihung des Stadtrechtes. Doch gerade dieses bedeutende Ereignis ist für Wismar nicht überliefert. 1266 bestätigte der mecklenburgische Fürst der Stadt den Gebrauch des lübischen Rechts, das zu diesem Zeitpunkt bereits mehrere Jahrzehnte, spätestens seit 1229, in Wismar galt. Schon die Gründung der Stadt zu Beginn des 13. Jahrhunderts wäre ohne die Unterstützung des Landesherrn unmöglich gewesen. Nicht zu Unrecht versprach dieser sich von der Gründung und Förderung der Stadt eine Stärkung der wirtschaftlichen Kraft seines Landes. In allen Jahrhunderten wurde das Verhältnis zwischen Wismar und seinem Landesherrn wesentlich bestimmt durch das Wechselspiel zwischen der Wirtschaftskraft der Stadt und den finanziellen Bedürfnissen des Fürsten.

1256, also nur wenige Jahrzehnte nach der Stadtgründung, verlegte Fürst Johann seine Residenz von der Mecklenburg, dem alten slawischen Machtzentrum, nach Wismar. Er setzte damit ein deutliches Zeichen für die Anziehungskraft der neugegründeten Stadt. Kreuzzug und Gefangenschaft hielten seinen Nachfolger, den mecklenburgischen Fürsten Heinrich den Pilger, jedoch über 25 Jahre von der Stadt fern. Als er 1298 nach Mecklenburg zurückkehrte, musste er feststellen, dass die Wismarer beim Bau ihrer Stadtmauer ausgerechnet seine Burg außen vor gelassen hatten. Dies führte am Ende des Gründungsjahrhunderts zu ernsten Auseinandersetzungen zwischen Wismar und seinem Landesherrn. Die Einigung im Jahr 1300 brachte dem Fürsten Geld und befreite die Wismarer für alle Zeiten von der Gefahr einer landesherrlichen Burganlage vor oder in ihrer Stadt. 6000 Mark lübisch zahlten die Wismarer Bürger an ihren Fürsten und erwarben damit seine bisherige Burg vor den Toren der Stadt und das Recht, diese abreißen zu dürfen. Dem Fürsten wurde nur noch ein unbefestigter Hof innerhalb der Stadt zugestanden. Den damals verhandelten Katalog gegenseitiger Rechte und Pflichten ließen sich die Wismarer künftig bei jeder Veränderung auf dem Fürstenhof bestätigen.

Doch die Leistungsfähigkeit der Stadt war damit nicht erschöpft: Sie erwarb in den folgenden Jahrzehnten vom Landesherrn die Vogtei, den Zoll und 1359 das Münzrecht – und begann zugleich in diesen Jahren die großen Neubauten von St. Marien und St. Georgen. Nur gut 100 Jahre blieb Wismar Hauptresidenz der mecklenburgischen Herzöge, 1358 verlegten sie ihren Sitz nach Schwerin. Der Wismarer Fürstenhof wurde jedoch von der herzoglichen Familie immer wieder genutzt und gelangte im 16. Jahrhundert zu neuem Glanz (Abb. 6).

Abb. 6: Terrakottarelief mit Groteskendekor. Als der Hof der mecklenburgischen Fürsten im 16. Jahrhundert erweitert wurde, nutzte man Ton für den Außenschmuck – nun in den Formen der Renaissance.

Der Handel und die Hanse

Der Handel bildete das Rückgrat der jungen Stadt. Seine Förderung und Sicherung war daher die wichtigste und vordringlichste Aufgabe Wismars. 1259 verbündete sich die Stadt mit Rostock und Lübeck zum Kampf gegen Raubritter und Seeräuber und damit für die Sicherheit der Handelswege zu Wasser und zu Lande. In den folgenden Jahren wurden ähnliche Abkommen mit weiteren Städten geschlossen. Die Städte leisteten einander Beistand gegen Bedrohungen von außen und räumten sich gegenseitige Handelsprivilegien ein. Eine Zollrolle von 1328 gibt ein beredtes Zeugnis der weitläufigen und vielfältigen Handelsbeziehungen Wismars im 14. Jahrhundert: Tuche aus

Flandern, Wolle aus England, Metallwaren aus Westfalen, Holz, Teer, Honig, Pelze und Wachs aus Livland und der Rus, Salz zunächst aus Lüneburg, dann aus Frankreich, Weine aus dem Rheinland, Frankreich, Spanien und Portugal und nicht zuletzt Fisch aus Norwegen und Schonen waren die Handelsgüter Wismarer Kaufleute. Die Kogge war das wichtigste Verkehrs- und Transportmittel der Handelsschifffahrt (Abb. 7). Neueste archäologische Untersuchungen von Wrackfunden in der Wismarer Bucht zeigen, dass die Ostsee-Koggen des 14. Jahrhunderts Warenmengen von mindestens 100 Last, also ungefähr 200 Tonnen transportieren konnten. Die Segeleigenschaften solcher Schiffe sollen anhand eines Nachbaus, der zur Zeit am Wismarer Hafen entsteht, geprüft werden.

Neben dem Fern- und Zwischenhandel hatte die Wismarer Wirtschaft ein zweites Standbein: die Produktion von Bier und dessen Export. Wismarer Bier wurde in die umliegenden Städte und nach Skandinavien, aber auch nach Flandern und Holland, vereinzelt nach England und Portugal, und in nachmittelalterlichen Zeiten sogar bis nach Ostindien verschifft. Aufgrund seiner guten Qualität erzielte das in Wismar hergestellte Bier einen relativ hohen Preis, der auch bei langen Transportwegen noch Gewinn versprach. Für den Export brauen zu dürfen, war ein Privileg, das seit dem Ende des 14. Jahrhunderts Hauseigentümern vorbehalten war und später direkt an den Besitz bestimmter Häuser geknüpft war. Am Ende des 15. Jahrhunderts existierten ungefähr 180 Brauereien in der Stadt, die für den Export produzierten. Frisches Wasser war unverzichtbare Zutat beim Bierbrauen. An die im 16. Jahrhundert unterirdisch verlegte hölzerne Wasserleitung, die aus den Metelsdorfer Quellen gespeist wurde, wurden vor allem die großen Brauhäuser angeschlossen. Für die übrige Stadtbevölkerung wurden auf Straßen und Plätzen frei zugängliche Wasserpfosten aufgestellt. Die hölzernen Wasserleitungen werden noch heute bei Bauarbeiten gefunden. Auch das Umfeld Wismars war von Anfang an durch die Bierproduktion geprägt: Etwa 150 Hopfengärten befanden sich um 1300 im Weichbild der Stadt und wurden vom Rat für eine Jahrespacht vergeben.

Der Rat

Der Rat regelte sämtliche äußeren und inneren Angelegenheiten der Stadt. Seit 1241 ist ein solches Kollegium in Wismar nachweisbar, das zunächst zwölf Mitglieder und seit dem 14. Jahrhundert 20 bis 24 Ratsherren zählte. An der Spitze des Rates standen die Bürgermeister. Der Rat ergänzte sich nach Vorschlägen der Bürgermeister aus sich selbst heraus. Die Ratsmitglieder übernahmen als Kämmerer, Weddeherren, Münzherren oder auf anderen Gebieten Teilbereiche der städtischen Regierung. In Größe und Aufgabenverteilung entsprach der Rat einer mittelalterlichen Stadt einem heutigen Regierungskabinett. Er verfügte jedoch über eine ungleich größere Machtfülle.

Auf das kirchliche Bauen hatte der Rat mittelbar wesentlichen Einfluss: Er setzte die Kirchenvorsteher ein, die das für den Bau und die Unterhaltung der Kirchen zur Verfügung stehende Vermögen verwalteten und dem Rat rechenschaftspflichtig waren. In St. Marien übernahmen seit der Mitte des 14. Jahrhunderts bis zum Ende des 15. Jahrhunderts ausnahmslos Bürgermeister dieses Amt, an den anderen beiden Pfarrkirchen wurde es durch Ratsherren oder Bürger ausgeübt. Keine Entscheidung in Bezug auf den Neubau der Kirchen konnte daher ohne Wissen und Einwilligung des Rates geschehen. Zwei der Baumeister Wismarer Kirchen, die an St. Nikolai und an St. Georgen tätigen Hermann Münster und Hans Martens, wurden auch als Ratsmaurermeister bezeichnet.

Abb. 7: Siegel der Stadt Wismar. Das ab 1354 gebräuchliche Stadtsiegel Wismars zeigt die wichtigsten Wirtschaftszweige der mittelalterlichen Stadt: Die Kogge steht für den Fernhandel per Schiff, die Hopfendolden im Hintergrund für das Braugewerbe sowie den Bierexport.

Der Rat organisierte auch das städtische Ziegeleiwesen. Zwei Ratsherren waren als Ziegelherren sogar ausschließlich für diesen Bereich zuständig. Bereits 1287 stellten die Wismarer einen Ziegelmeister an und wiesen diesem wenige Jahre später einen Platz in Vinekendorf, dem Haffeld vor dem Poeler Tor, zum Bau einer Ziegelei an. Schon die Errichtung der massiven Stadtmauer seit 1276 (Abb. 8, 9) war mit einem immensen Steinbedarf verbunden. Dieser stieg weiter an, als der Rat wohl als Reaktion auf einen Stadtbrand um 1305 versuchte, den Massivbau in der Stadt zu forcieren und den Bürgern zu Beginn des 14. Jahrhunderts in mehreren Willküren Steindeputate in Aussicht stellte, falls sie ihre Häuser als Ziegelbauten errichteten. Man kann dies als eine frühe Form der Städtebauförderung verstehen.

Die Handwerker

Die Handwerker hatten vermutlich nur bis in die 1320er Jahre Zutritt zum Rat. Später setzte sich dieses wichtigste Gremium der Stadt ausschließlich aus Brauern und Kaufleuten zusammen. Die Wismarer Handwerker waren seit dem 13. Jahrhundert in Ämtern organisiert. Zu den bedeutendsten Ämtern zählten in mittelalterlicher Zeit die Wollenweber und die Böttcher. Seit dem 16. Jahrhundert galten die Wollenweber, die Schuhmacher, die Schmiede und die Bäcker als die vier „großen" Gewerke Wismars. An der Spitze der Ämter standen die Werkmeister oder Älterleute, die diese Stellung nach ihrer Wahl zumeist auf Lebenszeit bekleideten. Das Amt regelte die Aufnahme neuer Lehrlinge, Gesellen und Meister, war für die Qualitäts- und Preissicherung der Erzeugnisse zuständig und kümmerte sich zugleich um das Seelenheil seiner lebenden und verstorbenen Mitglieder. Regeln und Ordnungen des Amtes waren in den Amtsrollen festgehalten, die der Rat auf Bitten und Vorschlag des Amtes erließ.

Abb. 8, 9: Das am Hafen gelegene gotische Wassertor ist eines der ursprünglich fünf Wismarer Stadttore, die zu dem ab 1276 errichteten Befestigungsring gehörten. Schmuckformen und Bautechniken, die im Kirchenbau entwickelt worden waren, wurden auch im Profanbau angewendet. Der aufwendige Staffelgiebel der Stadtseite des Tores stammt aus dem dritten Viertel des 15. Jahrhunderts. Die Hafenseite wurde um 1600 vereinfacht.

Kirchliches und profanes Leben war im Mittelalter eng miteinander verschränkt. Daher erscheinen die Ämter heute oft wie eine kirchliche Brüderschaft. Bei der Aufnahme neuer Meister musste das neue Mitglied beispielsweise nicht nur eine Tonne Bier stiften, sondern auch eine gewisse Menge Wachs für Altarkerzen oder einen finanziellen Beitrag zu den Messen des Amtes beisteuern. Jedes Amt, das auf sich hielt und es sich leisten konnte, richtete sich eine eigene Kapelle in den Stadtpfarrkirchen ein. Das Amt der Böttcher besaß sogar je eine Kapelle in St. Marien und St. Nikolai und darüber hinaus noch ein Gestühl in St. Georgen. Die Amtsmitglieder nutzten ihre Kapellen nicht nur zum Gottesdienst, sondern auch zu den regelmäßigen Morgensprachen, die nur in Anwesenheit eines Ratsherrn abgehalten werden durften und damit ebenfalls unter der Kontrolle des Rates standen.

Innere Unruhen im 15. Jahrhundert

Nach den stürmischen und erfolgreichen Jahrzehnten der Gründung und äußeren Entwicklung der Stadt im 13. Jahrhundert gilt in der Stadtgeschichtsschreibung das 14. Jahrhundert, insbesondere seine erste Hälfte, als Zeit der inneren Verfestigung und Ordnung. Die erhaltenen Willküren und Bürgersprachen zeugen davon. Seit dem Ende des 14. Jahrhunderts wurde die

Stadt jedoch mehrfach zu ihrem Nachteil in äußere Auseinandersetzungen verwickelt und durch innere Unruhen geschwächt.

Wie die Handwerker in Lübeck und Rostock versuchten auch die Wismarer im 15. Jahrhundert mehrfach, sich den Zugang zum Rat zu erstreiten. Doch gelang ihnen dies stets nur für wenige Jahre. Ab 1409 regierte in Wismar der sogenannte Neue Rat, zu dem auch Handwerker gehörten. Für zwei Jahre bekleidete damals der Wollenweber Claus Jesup das Amt des Bürgermeisters in der Hansestadt. Der damalige Aufruhr unter den Wismarer Handwerkern war von Lübeck herübergeschwappt. Mit dem Ende des Lübecker Neuen Rates wurden auch in Wismar 1416 die früheren Verhältnisse wiederhergestellt. „Vertrieben oder bestraft wurde niemand", vermeldet lapidar die Stadtgeschichte[1].

Die neuerlichen Auseinandersetzungen zwischen dem Rat und der Handwerkerschaft gut elf Jahre später gingen für den Alten Rat weniger glimpflich aus: 1427 wurde zunächst der Ratsherr Heinrich von Haren, dann der Bürgermeister Johann Bantzkow gefangengesetzt, wegen vermeintlichen Verrats an der Stadt zum Tod verurteilt und schließlich auf dem Markt hingerichtet. Claus Jesup soll auch in diesen Verfahren die treibende Kraft gewesen sein. Doch der 1428 ins Leben gerufene Neue Rat konnte sich nur zwei Jahre halten. Als die mecklenburgische Herzogin Katharina, die für ihre minderjährigen Kinder die Regentschaft ausübte, ihm ihre Unterstützung entzog, musste der Alte Rat wieder eingesetzt werden. Auf dem Marienkirchhof wurde auf Kosten der Stadt eine Sühnekapelle errichtet, die bis 1850 existierte. Eine weitere Bestrafung oder gar Vertreibung der Beteiligten gab es jedoch nicht.

Und noch ein drittes Mal geriet der Rat im 15. Jahrhundert in Unruhe. Dieses Mal ging der Aufruhr jedoch von den Kaufleuten aus. Die Politik des Wismarer Bürgermeisters Peter Langejohann hatte dazu geführt, dass der dänische König 1463 den Schonenhandel Wismars unterbunden und damit die Kaufleute der Stadt an ihrer empfindlichsten Stelle getroffen hatte. 1463 wurde der Bürgermeister Peter Langejohann seines Amtes enthoben und nur auf Vermittlung Lübecks, des mecklenburgischen Herzogs sowie des dänischen Königs vier Jahre später wieder eingesetzt.

Da die Neubesetzungen des Rates jeweils nur wenige Jahre Bestand hatten, könnte man sie für kurzfristige Episoden halten. Doch die Verwerfungen reichten wohl weit über die kurzen Zeiten der tatsächlichen Ratsumsetzungen hinaus. Der Werkmeister der Nikolaikirche beispielsweise, Gottschalk von der Kolen, wurde 1414/15 vom damaligen Neuen Rat der Untreue angeklagt und entlassen. In der Folge ruhte die Baustelle der Nikolaikirche für fast zwei Jahrzehnte (Abb. 10).

Störtebeker und die Folgen

In die stadtinternen Streitigkeiten um die Zusammensetzung des Rates hatten sich im 15. Jahrhundert stets auswärtige Kräfte eingeschaltet, seien es die benachbarten Städte wie Lübeck und Rostock, in denen gleichzeitig ähnliche Auseinandersetzungen stattfanden, seien es die mecklenburgischen Landesherren. In einen ernsten Loyalitätskonflikt zwischen seinem Landesherrn einerseits und seinen hansischen Verbündeten andererseits war Wismar bereits ein Jahrhundert zuvor geraten, als es sich mit den nordeuropäischen Mächten Dänemark, Norwegen und Schweden gemessen hatte.

Der 1370 zwischen den Hansestädten und dem dänischen König Waldemar IV. geschlossene Friede von Stralsund gilt als Höhepunkt hansischer Machtentfaltung und beendete einen mehrjährigen Seekrieg. Nach dem Tod Waldemars 1375 entbrannte um seine Thronfolge ein erbitterter Kampf zwischen seiner Tochter, der norwegischen Königin Margarete, sowie dem mecklenburgischen Herzog Albrecht II. Nachdem es Margarete gelungen war, den dänischen Thron zu gewinnen, nahm Albrecht II. den Kampf gegen Dänemark auf und suchte dabei auch die Unterstützung von Seeräubern, deren Treiben er mit Kaperbriefen legalisierte. Schon damals standen die mecklenburgischen Hansestädte Wismar und Rostock vor der schwierigen Frage, ob sie sich auf die Seite ihres Landesherrn stellen oder nach hansischer Tradition gegen die Seeräuber zu Felde ziehen sollten. Der unerwartete Tod Albrechts 1379 enthob sie jedoch vorläufig einer Entscheidung.

Abb. 10: Die in Hafennähe gelegene Stadtpfarrkirche ist – wie in vielen anderen Hansestädten auch – in Wismar nach St. Nikolaus, dem Patron der Kaufleute und Seefahrer, benannt. Die „Grube", einer der innerstädtischen mittelalterlichen Wasserläufe Wismars, ermöglichte den Warentransport vom Hafen in die Stadt per Schiff.

Wenige Jahre später eskalierte die Auseinandersetzung erneut. Margarete, inzwischen Königin von Norwegen und Dänemark, hatte 1386 Schweden nahezu kampflos eingenommen. Allein Stockholm widersetzte sich noch. Der mecklenburgische Herzog Albrecht III. war in dänische Gefangenschaft geraten. In dieser Situation besannen sich die Mecklenburger auf ihre einstigen Verbündeten, die Seeräuber. In der mecklenburgischen Flotte, die 1391 von Wismar und Rostock aus gen Stockholm aufbrach, segelten auch Schiffe der Piraten mit. Die Seeräuber, die inzwischen als Gemeinschaft der Vitalienbrüder auftraten, beschränkten sich jedoch in den folgenden Jahren nicht darauf, dänische Schiffe zu überfallen, sondern machten auch an hansischen Schiffen große Beute. Wismar und Rostock hatten den Seeräubern ihre Häfen und Märkte geöffnet, Diebesgut der Freibeuter wurde in den beiden Hansestädten mit Billigung des Rates gehandelt. Ein größerer Verstoß gegen hansische Interessen war kaum vorstellbar und wurde von den anderen Hansestädten mit Schadensersatzansprüchen, der Aufhebung von Handelsprivilegien, ja sogar dem Abbruch der Handelsbeziehungen geahndet. Holland verweigerte Wismar und Rostock das üblicherweise den deutschen Kaufleuten zustehende Geleit und Privileg. Von der Bestätigung der hansischen Privilegien in den nordischen Reichen wurden Wismar und Rostock ausgeschlossen. Nur vier Jahre dauerte der offizielle Krieg: 1395 schlossen Königin Margarete und der mecklenburgische Herzog Frieden. Doch die Einschränkungen des Wismarer Handels währten noch bis ins 15. Jahrhundert und schadeten der Stadt nachhaltig.

Die Vitalienbrüder setzten auch nach dem Friedensschluss ihr Unwesen fort, verlagerten ihr Betätigungsfeld jedoch zum Teil in die Nordsee. Im Sommer 1400 gelang es Hamburger Englandfahrern, mehr als 70 Seeräuber vor Helgoland gefangenzunehmen – Ende Oktober desselben Jahres wurden sie hingerichtet. Unter ihnen war Klaus Störtebeker, der inzwischen als einer der berühmtesten Piraten des Mittelalters gilt. Seine Herkunft vermutete man auf Rügen, in Barth, in Hamburg oder in Ostfriesland. In Wismar besaß eine Familie namens Störtebeker im frühen 14. Jahrhundert ein Haus in der Nähe des Hopfenmarktes und Klaus Störtebeker selbst ist im Verfestungsbuch (Abb. 11) der Stadt um 1380 erwähnt – aufgrund dieser Belege geht man heute davon aus, dass Störtebeker aus Wismar stammte.[2]

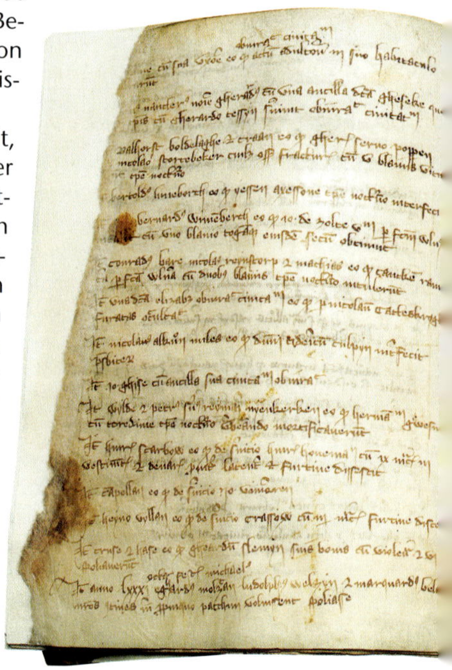

Abb. 11: Im Verfestungsbuch der Stadt Wismar findet sich für das Jahr 1380 ein Eintrag zu Störtebeker. Der später als Seeräuber berühmt gewordene Klaus Störtebeker war in diesem Jahr in Wismar in eine Schlägerei verwickelt. Zwei seiner Gegner wurden verurteilt, die Stadt zu verlassen, weil sie Störtebeker fünf blaue Flecken beigebracht hatten.

Was für Störtebeker gilt, trifft auf die Mehrzahl der Wismarer Einwohner des Mittelalters in noch stärkerem Maße zu: Sie haben nur geringe oder gar keine Spuren in Urkunden und Archivalien hinterlassen. Es ist schon schwer, ihre Zahl zu schätzen. Im Pestjahr 1350 heißt es, 2000 Wismarer seien an der Seuche gestorben; der Pest 1376 sollen sogar 10000 Menschen in nur einem Monat zum Opfer gefallen sein.

Diese Zahl ist sicher nicht realistisch, geht man

doch für das Ende des 15. Jahrhunderts von 8000 Einwohnern in Wismar aus. Zum Vergleich: Greifswald zählte zu dieser Zeit vermutlich nicht mehr als 5000 Einwohner, Stralsund hatte um 1400 etwa 10000 Bewohner, Rostock ca. 13000, Lübeck wird im ausgehenden Mittelalter auf 22000–24000 Einwohner geschätzt. Wismar gehörte in Bezug auf seine Einwohnerzahl also zu den mittelgroßen Städten. Doch nicht die Anzahl ihrer Bewohner, sondern deren wirtschaftliche Potenz gab den Ausschlag für die Leistungsfähigkeit einer Stadt. Dass Wismar sich mit den großen Städten seiner Zeit messen konnte, beweist das überdurchschnittlich große Vermögen seiner Bürger. Ihre Weltläufigkeit und ihren Reichtum haben die Wismarer in Stein bezeugt, vor allem in den Kirchen der Backsteingotik, von denen in den folgenden Beiträgen die Rede ist.

Literatur:

Bracker, Jörgen: Von Seeraub und Kaperfahrt im 14. Jahrhundert, in: „Gottes Freund – aller Welt Feind". Von Seeraub und Konvoifahrt. Störtebeker und die Folgen. Museum für Hamburgische Geschichte, Hamburg 2001, S. 6–35

Förster, Thomas: Kogge, Holk und Schnigge. Zeugnisse der Hanse auf dem Meeresgrund, in: „Gottes Freund – aller Welt Feind". Von Seeraub und Konvoifahrt. Störtebeker und die Folgen. Museum für Hamburgische Geschichte, Hamburg 2001, S. 126–151

Grewolls, Antje: Die Kapellen der norddeutschen Kirchen im Mittelalter. Architektur und Funktion, Kiel 1999

Grewolls, Antje/ Ludwig, Steve: Die Bauorganisation an den Wismarer Pfarrkirchen im Mittelalter, in: Wismarer Beiträge 12, 1996, S. 20–32

Techen, Friedrich: Geschichte der Seestadt Wismar, Wismar 1929, Reprint Schwerin 1993

Willgeroth, Gustav: Bilder aus Wismars Vergangenheit, Wismar 1903, Reprint Schwerin 1997

Wismar, in: Handbuch der historischen Stätten Deutschlands, Bd. 12 Mecklenburg/Pommern, hg. von Helge bei der Wieden/Roderich Schmidt, Stuttgart 1996, S. 133–139

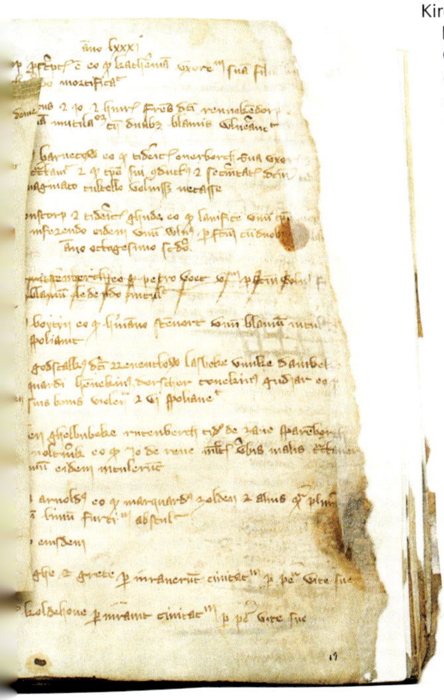

Anmerkungen:

1 Techen 1929, S. 52
2 Bracker 2001, S. 33

Die Marienkirche von Nordosten. Die Computeranimation aus dem Film zum Bau der Marienkirche zeigt den zweiten Bau mit seiner Umgebung: Die Häuser rund um den Kirchvorplatz sind in realistischen Proportionen dargestellt.

Bis zur Sprengung der Marienkirche im Jahr 1960 besaß Wismar drei große Backsteinkathedralen, die in der Ausstellung in der Nordkapelle des Turmes von St. Marien als maßstäbliche Modelle gezeigt werden.

Ihre Ursprungsbauten entstanden bald nach der Stadtgründung 1226 als Hallenkirchen, die im Laufe des späten 13. und 14. Jahrhunderts in Basiliken umgebaut wurden. Vorbild war Lübeck, wo man die bereits am Ende des 12. Jahrhunderts errichteten romanischen Backsteinbasiliken zu gotischen Hallenkirchen umbaute, bei St. Marien zunächst um 1250/60. Am Dom führte man ab 1266–1277 den ersten basilikalen Umgangschor mit Kapellenkranz nach dem Vorbild nordfranzösischer Kathedralen auf. Schließlich ersetzte man in der Zeit von etwa 1275/80 bis 1330 bei der Marienkirche die Hallenkirche durch eine Basilika mit Umgangschor und Kapellenkranz.

Abb. 1: Die Vorbilder zum Bautypus der Hallenkirche stehen in Südwestfrankreich, im Poitou, und datieren noch aus romanischer Zeit: Innenansicht der Kathedrale von Poitiers (um 1050–1150)

Der Typ der Hallenkirche mit seinen drei gleich hohen Schiffen hat seinen Ursprung im französischen Poitou, wo er mit breitem Mittelschiff und schmalen Seitenschiffen bereits um 1050 bis 1150 in der alten Kathedrale Notre-Dame-la-Grande in Poitiers (Abb. 1) und mit drei etwa gleichbreiten Schiffen in St. Pierre 1166–1271 (Abb. 2) ausgebildet ist. Letztere, bereits in gotischen Formen, wurde das Vorbild für die ab 1230 erbauten westfälischen Hallenkirchen mit drei gleich breiten Schiffen, während von der Elisabethkirche in Marburg (1235–1283) eine eigene Bauschule von Hallenkirchen mit breitem Mittelschiff und schmalen Seitenschiffen ausging.

War die Basilika als anspruchsvolle Raumform vor Beginn der Gotik hauptsächlich Bischofs-, Stifts-, Kloster- und großen Stadtkirchen vorbehalten, so wird die Hallenkirche jetzt zum weitverbreiteten Bautyp der bürgerlichen Pfarrkirchen in den Handelsstädten und verdrängt in ganz Deutschland die Basilika. Nur in den Hansestädten im Wendischen Quartier – ausgehend vom Dom und St. Marien in Lübeck – greift man ab 1270/80 die

Raumform der Basilika mit sehr hohem Mittelschiff und niedrigeren Seitenschiffen wieder auf. Die um 1260/70 gerade erst oder noch nicht ganz vollendete Hallenkirche von St. Marien in Lübeck wird abgebrochen und in der Zeit um 1280–1330 durch eine monumentale Basilika mit Umgangschor und Kapellenkranz ersetzt. Diesem Beispiel folgen im Wendischen Quartier die anderen Hansestädte Wismar, Rostock und Stral-

Abb. 2: Die geräumigen gotischen Hallenkirchen im Poitou mit Schiffen gleicher Breite fanden über Westfalen Eingang in die deutsche Baukunst. Innenansicht der Kirche St. Pierre in Poitiers (1166–1271)

sund, schließlich auch Greifswald mit St. Nikolai, indem sie die Hallenkirchen ihrer Gründungsbauten abbrechen und als große Backsteinbasiliken mit Kathedralchören aus Chorhaupt, Umgang und Kapellenkranz neu errichten. Dabei wurden aber Teile der Vorgängerbauten einbezogen, so dass man für die Rekonstruktion der Gründungsbauten als Hallenkirchen Anhaltspunkte besitzt.

Außerhalb Lübecks und Mecklenburg-Vorpommerns gibt es derartig monumentale Backsteinbasiliken mit Kathedralchören nur im schwedischen Malmö (Petrikirche, ab 1319), in Riga (St. Peter, ab 1408) und in Lüneburg (St. Nikolai, 1406–60). Aus der Verschmelzung von europäischen Einflüssen, der italienischen Backsteintechnik mit der nordfranzösischen Raumform der Basilika mit Umgangschor und Kapellenkranz, entstand zwischen Lübeck und Stralsund eine Baugruppe von Backsteinbasiliken, die es in dieser monumentalen Gestalt mit dem reichen Kathedralchor andernorts nicht gibt.

In dieser bis 1960 erhaltenen Form entstanden in Wismar die drei Großkirchen: um 1300–1315 der Chor von St. Georgen, zwischen etwa 1315 und 1370/75 die Marienkirche, von 1381 bis 1460 die Nikolaikirche und von um 1445 bis spätestens 1487 Langhaus und Querschiff der Georgenkirche.

Mit drei innerhalb von 180 Jahren errichteten monumentalen Backsteinbasiliken besaß Wismar eine selten geschlossene Baugruppe. Sie bietet die einmalige Gelegenheit, vor Ort Vergleiche anzustellen, zumal gelegentlich dieselben Baumeister an zwei Kirchen tätig waren und die Ziegelhütten das erforderliche Baumaterial zum Teil gleichzeitig an verschiedene Kirchen in Wismar lieferten. Deshalb ist der Verlust der Marienkirche besonders schmerzlich, besaß sie doch den ersten Umgangschor mit Kapellenkranz und wurde insgesamt zum Vorbild der Nikolaikirche. Die Sprengung von St. Marien 1960 reiht das DDR-Regime in die barbarischen, auf religiösem oder ideologischem Fanatismus beruhenden Vernichtungsakte ein, wie sie von den Hugenotten mit der Sprengung der Kathedrale von Orléans, der französischen Revolution mit dem Abbruch der Klosterkirche von Cluny und vom Talibanregime in Afghanistan mit der Sprengung der monumentalen Buddha-Statuen begangen wurden. Darum ist es jetzt wichtig, alle über die Marienkirche noch bekannten Fakten zusammenzutragen, um ihre Baugeschichte zu klären und sie in einer virtuellen, dreidimensionalen Rekonstruktion wieder erstehen zu lassen.

Die Baugeschichte der Marienkirche in Wismar

Es ist nicht leicht, die Baugeschichte für eine Kirche zu rekonstruieren, die vor mehr als 40 Jahren vernichtet worden ist. Doch kann man am erhalten gebliebenen Turm noch manches ablesen. Auch haben erste Grabungsergebnisse in der Fläche östlich des Turmes wichtige Anhaltspunkte erbracht. Dazu kommen die älteren, noch am bestehenden Bau orientierten Publikationen sowie eine große Zahl von Fotografien aus der Zeit vor dem Zweiten Weltkrieg, nach der schweren Beschädigung am 14./15. April 1945 und während der Sprengung von 1960.

Bis zu ihrem Untergang war die Marienkirche eine große, dreischiffige Backsteinbasilika, die im Osten einen Umgangschor mit Kapellenkranz und im Westen den heute noch stehenden Turm mit seinen Seitenkapellen besaß (Abb. 3). Nachträglich, aber noch im späten 14. und frühen 15. Jahrhundert, waren im Norden und Süden je eine größere Flankenkapelle querschiffartig angeordnet worden, dazu zwischen Chorhaupt und Nordkapelle eine Sakristei und auf beiden Seiten des Langhauses zwischen den Strebepfeilern je drei Einsatzkapellen.

Abb. 3: Die Ansicht von Nordosten zeigt die Marienkirche in Wismar mit Umgangschor, Kapellenkranz und Strebepfeilern nach dem Vorbild französischer Kathedralen. Historische Aufnahme vor 1945

Mit einer äußeren Gesamtlänge von 87,5 Metern übertraf St. Marien deutlich St. Nikolai mit 81 Metern und St. Georgen mit 78 Metern. Bezüglich der Scheitelhöhe der Gewölbe lag die Marienkirche mit 32,5 Metern unter der von St. Nikolai mit 37 Metern und der von St. Georgen mit 35 Metern. War die Marienkirche die längste Kirche von Wismar, so ist die Nikolaikirche die höchste und die Georgenkirche mit dem riesigen, 56,8 Meter ausladenden Querschiff von der Baumasse her die größte.

Alle drei Kirchenbauten wurden bald nach der Stadtgründung 1226 begonnen, vielleicht zunächst wie in Lübeck ein Jahr-

Abb. 4: Nach der Sprengung der Marienkirche blieb nur der Turm mit seinen Seitenkapellen stehen. Vom ursprünglichen Bau I, der frühgotischen Hallenkirche, sind noch Ansatzpunkte sichtbar.

Abb. 5: Die schematische Ansicht der Westturmanlage der Lübecker Marienkirche aus der Vogelperspektive von Südwesten her verrät deren deutlichen Einfluss auf die Marienkirche in Wismar.

hundert zuvor als provisorische Holzkirchen, die man jedoch bald – also um die Mitte des 13. Jahrhunderts – durch Hallenkirchen aus Backstein ersetzte. Dieser Prozess mag mit St. Nikolai als Kirche der reichen Fernhandelskaufleute in der Nähe des Hafens seinen Anfang genommen haben. Erhalten blieb hier aber nur der Unterbau des Turmes und ein südlich von ihm im Innern aufgedeckter, deutlich tiefer liegender Fußboden. Weitere Spuren wurden noch nicht gefunden beziehungsweise ausgewertet. So lässt sich bisher nur feststellen, dass die erste Steinkirche von St. Nikolai einen quadratischen Westturm mit seitlich anschließenden, aber nicht mit ihm verbundenen Kapellen besaß.

Für den Bau I von St. Georgen aus der Zeit um 1260–70 gibt es durch die Dissertation von Steve Ludwig eine zuverlässige Rekonstruktion des Grundrisses und auch Aussagen zum Aufriss.[1]

BAU I DER MARIENKIRCHE
Die Turmanlage im Westen

Erhalten blieben bis heute von Bau I der Marienkirche der Turm mit seinen beiden unteren Geschossen und seine beiden zweijochigen Seitenkapellen, an deren heute freistehender Ostfassade (Abb. 4) man noch Ansatzpunkte von Bau I, der frühgotischen Hallenkirche aus der Zeit um 1260–70, finden kann.

Gelegentlich findet sich in der Literatur, dass die Seitenräume nachträglich an den Turmraum angefügt wurden. Es existieren dafür aber keine Indizien wie Baunähte oder Abwei-

chungen in den Einzelformen. Auch besteht eine deutliche Verwandtschaft zur Westturmanlage der Marienkirche von Lübeck, von Dietrich Ellger anhand zahlreicher Reste und Spuren am heutigen Bau zuverlässig rekonstruiert (Abb. 5).[2]

Die Übereinstimmungen betreffen den Mittelturm mit seinen flankierenden, zweijochigen Seitenkapellen, die Rundfenster im südlichen und nördlichen Sockelgeschoss, die drei Westportale und die darüber liegenden großen Fenster im hohen Erdgeschoss, den abschließenden Kleeblattbogenfries sowie den Laufgang unterhalb der Fenster im Inneren. Die Hallenkirche von St. Marien in Lübeck, dort der dritte Bau und der Vorgänger der heutigen Basilika, wird in die Zeit um 1250/60 datiert. Daraus ergibt sich für Bau I der Marienkirche in Wismar eine Entstehungszeit von etwa 1260/70. Urkundlich wird die Marienkirche erstmals etwas vor 1255 und im Jahr 1255 erwähnt.[3]

Die Rekonstruktion des Hallen-Langhauses mit schmalen Seitenschiffen

Für die Rekonstruktion des Hallenlanghauses (Abb. 6) von Bau I könnte man in einer ersten Hypothese auch hier vom Vorbild der Marienkirche in Lübeck ausgehen, die als Hallenkirche ein breites Mittelschiff und schmalere Seitenschiffe besaß. Dazu kommt, dass auch der Hallenbau der Georgenkirche in Wismar schmale Seitenschiffe hatte (Abb. 7) und damit dem Vorbild der Elisabethkirche von Marburg folgte. Diese war nicht nur die Grablege der Heiligen Elisabeth, sondern zugleich die Hauptkirche des Deutschen Ordens, dem Fürst Heinrich von Mecklenburg 1270 die Georgenkirche in Wismar übertragen hat. Wenn auch die Marienkirche wie St. Georgen in Wismar dem Vorbild von Marburg und Lübeck gefolgt wäre, hätten die Seitenschiffmauern dort ge-

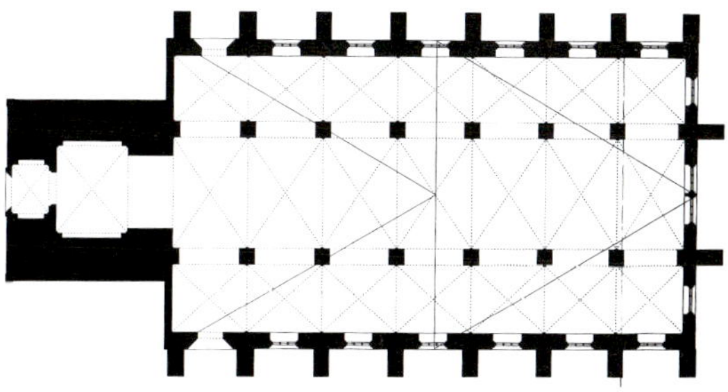

Abb. 6: Rekonstruktionsvorschlag des Hallenlanghauses von Bau I der Marienkirche mit breitem Mittelschiff und schmalen Seitenschiffen.

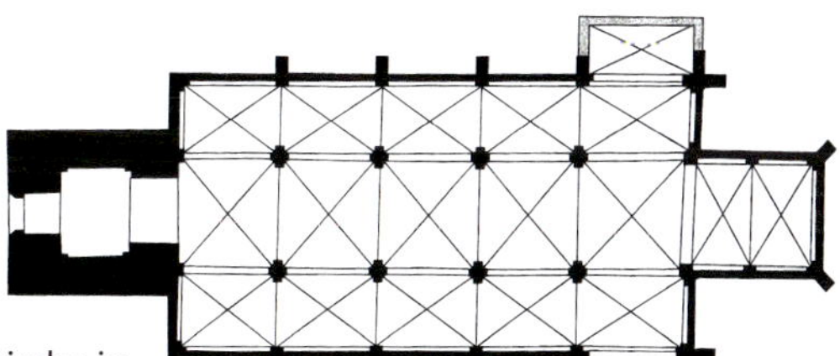

Abb. 7: Hallenbau der Georgenkirche in Wismar mit quadratischen Mittelschiffjochen und schmalen Seitenschiffjochen nach dem Vorbild von St. Elisabeth in Marburg.

legen, wo sich im 14. Jahrhundert die der Basilika von Bau II befanden. Deren Neubau hätte also entweder die vorhandenen Fundamente oder sogar das vorhandene Mauerwerk weiterbenutzt, ein zunächst bestechender Gedanke. Man kann von der Vermutung ausgehen, dass das Hallenlanghaus von Bau I bis zum Ansatz des basilikalen Chores gereicht hat. Dort wurde bei einer Georadar-Erkundung am 3. Oktober 2000 eine Quermauer festgestellt, die den östlichen Abschluss der Hallenkirche dargestellt haben könnte. In das dann rekonstruierte Rechteck lässt sich zweimal ein gleichseitiges Dreieck einschreiben, was für die mittelalterliche Methode, Grundrisse mit Hilfe von Dreiecken, der sogenannten Triangulation, festzulegen, sprechen würde.

Die Rekonstruktion des Hallenlanghauses mit breiten Seitenschiffen

Die Argumente für die zweite Hypothese (Abb. 8) eines Hallenlanghauses mit drei nahezu gleichbreiten Schiffen sind gewichtiger. Demnach wäre die Marienkirche in Wismar nicht dem Beispiel der Hallenkirchen von St. Georgen sowie von Marburg und Lübeck gefolgt.

Das ergibt sich schon aus den östlichen Verbindungsbögen zwischen den Seitenräumen des Turmes und dem ehemaligen Langhaus (Abb. 4). Sie werden jetzt von den nachträglich vorgebauten Ansätzen der schmalen Basilika-Seitenschiffe von Bau II überschnitten, während sie sich bei breiten Seitenschiffen eines Hallenraumes voll in diese öffnen konnten.

Abb. 8: Rekonstruktionsvorschlag des Hallenlanghauses von Bau I nach den neuesten Grabungsbefunden mit drei nahezu gleichbreiten Schiffen.

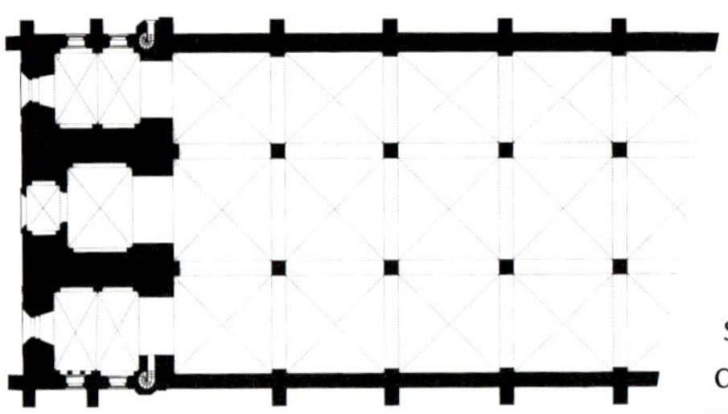

Hinzu kommt, dass man bei einer Suchgrabung Anfang 2001 in der östlichen Fortsetzung der nördlichen Turmkapelle einen Fundamentrest freilegte (Abb. 9), der sich bis zur Überbauung durch die Kapelle des nördlichen Seitenschiffes der Basilika verfolgen lässt. Ob er auch darüber hinaus noch existiert, wird sich erst bei der Fortsetzung der Ausgrabungen während der Ausstellung „Gebrannte Größe" erweisen, desgleichen, ob dies auch auf der Südseite der Fall ist. Der bisherige Befund zeigt eine Gründung aus mehreren Findlingslagen und darüber eine Backsteinlage in Roll- oder Binderverband, die nach Osten in einen mehrlagigen gotischen Verband übergeht und kurz vor der Überbauung in den Resten einer frühgotischen Portallaibung endet. Im Bereich des südlichen Seitenschiffes konnte von der Findlingsgründung von Bau I nur noch ein Rest an der Süd-

Abb. 9: Der Fundamentrest in der östlichen Fortsetzung der nördlichen Turmkapelle unterstützt die These der gleichbreiten Schiffe in Bau I der Marienkirche.

Ost-Ecke der südlichen Turmkapelle, also in der Verlängerung von deren Südwand, beobachtet werden (aus der Fundmeldung des Landesamts für Bodendenkmalpflege Mecklenburg-Vorpommern vom 18. Januar 2001).

Vergleich mit anderen Hallenkirchen

Die zweite Hypothese einer Hallenkirche mit drei fast gleich breiten Schiffen erhält auch die größere Wahrscheinlichkeit, wenn man den so rekonstruierten Grundriss mit dem anderer Hallenkirchen in Mecklenburg-Vorpommern vergleicht. Die um 1215 begonnene und um 1295 mit dem Turm vollendete Hallenkirche St. Jacob und Dionysius in Gadebusch (Abb. 10) hat einen ähnlichen Westbau aus einem mittleren Turm und seitlichen Kapellen, in deren Flucht die breiten Seitenschiffe liegen. Noch ähnlicher ist Bau II der Marienkirche in Rostock (Abb. 11), erbaut nach 1262/65 bis etwa 1279, rekonstruiert aus Spuren und Bauresten, die sich noch im basilikalen Langhaus aus dem

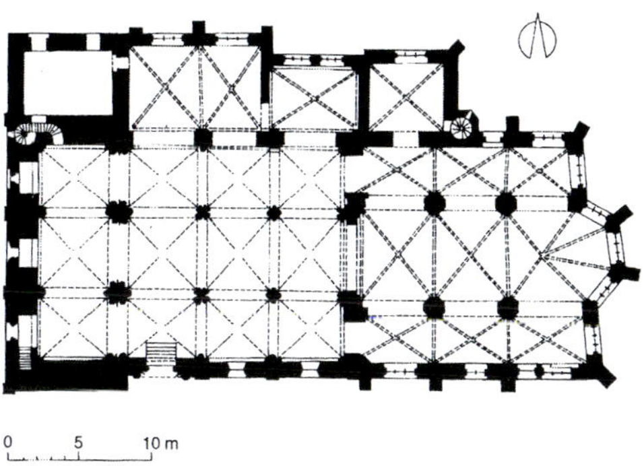

Abb. 10: Der Grundriss der Hallenkirche St. Jakob und Dionysius in Gadebusch (1215–1295, links) mit den breiten Seitenschiffen in der Turmflucht

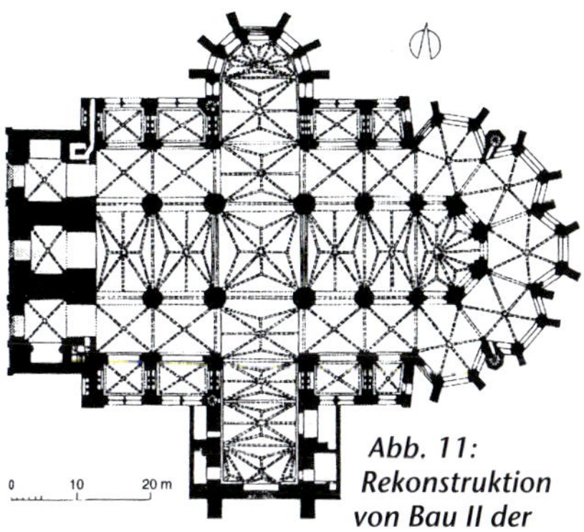

Abb. 11: Rekonstruktion von Bau II der Marienkirche in Rostock (nach 1262/65 bis etwa 1279), ebenfalls mit breiten Seitenschiffen

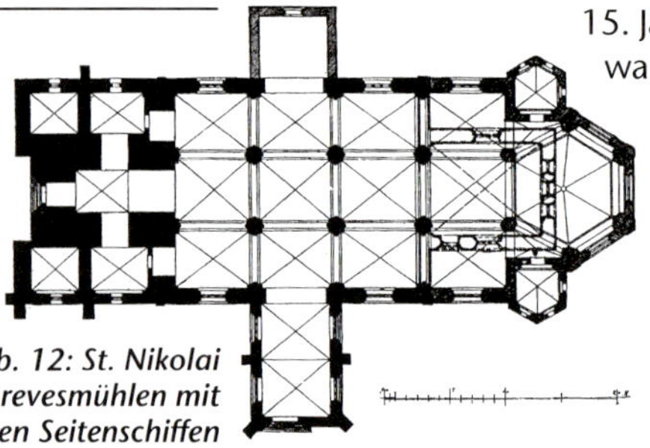

Abb. 12: St. Nikolai in Grevesmühlen mit breiten Seitenschiffen und einer der Marienkirche vergleichbaren Westturmanlage (um 1230 bis um 1250)

15. Jahrhundert erkennen lassen. Auch hier waren die Seitenschiffe breit, ebenso bei St. Nikolai in Grevesmühlen (Abb. 12), erbaut um 1230 bis um 1250 mit einer ähnlichen Westturmanlage.

Breite Seitenschiffe – aber mit anderen Turmlösungen – besitzen auch die Nikolaikirche in Rostock (Abb. 13, vor 1250 begonnen), St. Georgen in Parchim (Abb. 14, nach 1289 bis um 1310). Wir wissen, dass viele Kolonisten aus Westfalen in die an der Ostsee gegründeten Städte kamen. So ist es auch naheliegend, dass für die Hallenkirchen mit drei etwa gleichbreiten Schiffen westfälische Hallenkirchen als Vorbild dienten, zumal auch die Pfeilerformen und die kuppligen Gewölbe dorthin weisen.

Abb. 13: St. Nikolai in Rostock (um 1250) mit breiten Seitenschiffen, aber anderer Turmlösung

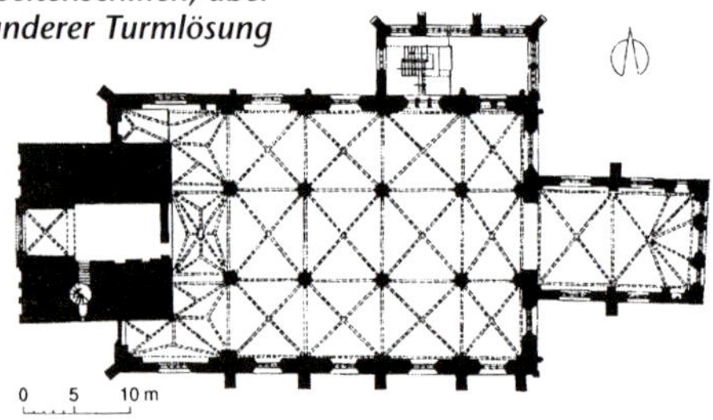

Abb. 14: St. Georgen in Parchim (nach 1289–um 1310) mit breiten Seitenschiffen, aber veränderter Turmlösung

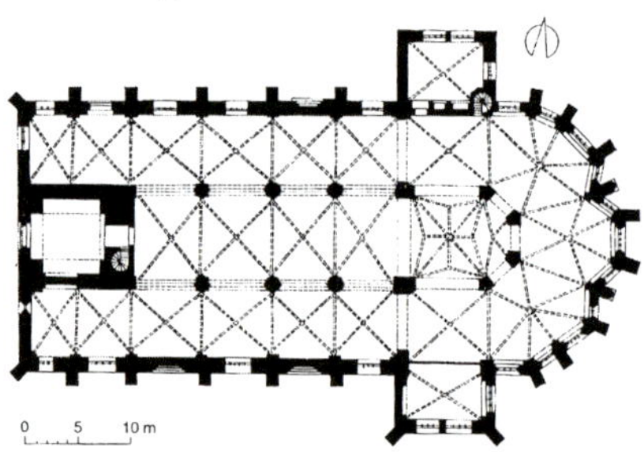

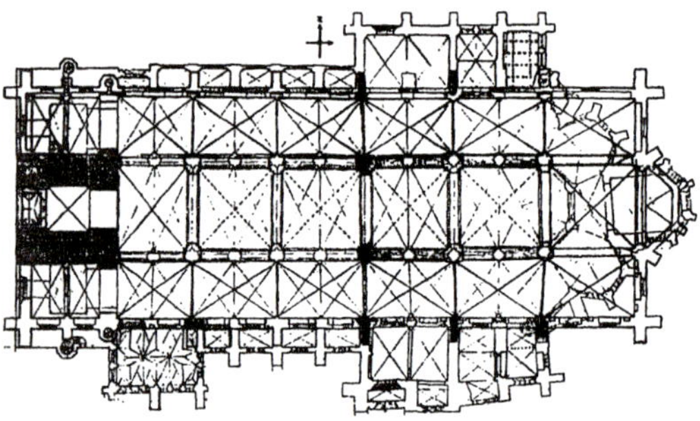

Abb. 15 (links): Rekonstruktion von Bau III der Marienkirche in Lübeck (um 1250–1260) als Hallenkirche, Vorbild einer zweiten Gruppe von Hallenkirchen in Mecklenburg-Vorpommern. Die Grundrisse der Hallenkirche und der Basilika liegen übereinander.

Abb. 16 (rechts): St. Bartholomäus in Wittenburg (um 1240–70) mit schmalen Seitenschiffen

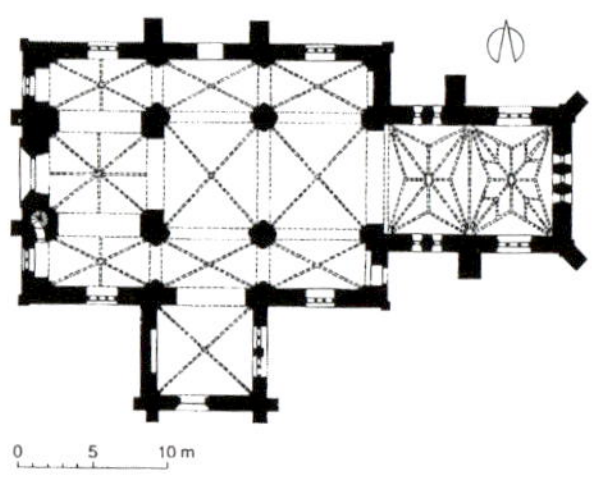

Die zweite Gruppe von Hallenkirchen in Mecklenburg-Vorpommern mit schmalen Seitenschiffen ist größer. Sie hängt wohl von Bau III der Marienkirche in Lübeck als Hallenkirche (Abb. 15, um 1250–60) und indirekt von der Elisabethkirche in Marburg ab. Zu ihr gehören Bau I von St. Georgen in Wismar (Abb.7, um 1260–70), St. Bartholomäus in Wittenburg (Abb. 16, um 1240–70), die Marienkirche in Klütz (Abb. 17, um 1230 bis 1270), St. Marien in Parchim (Abb. 18, um 1249–1314), die Dorfkirchen von Reinshagen (Abb. 19, Kreis Güstrow, um 1270 bis 1280), Parkentin bei Rostock (Abb. 20, um 1250–1300) und St. Marien in Barth (Abb. 21, um 1260–1300).

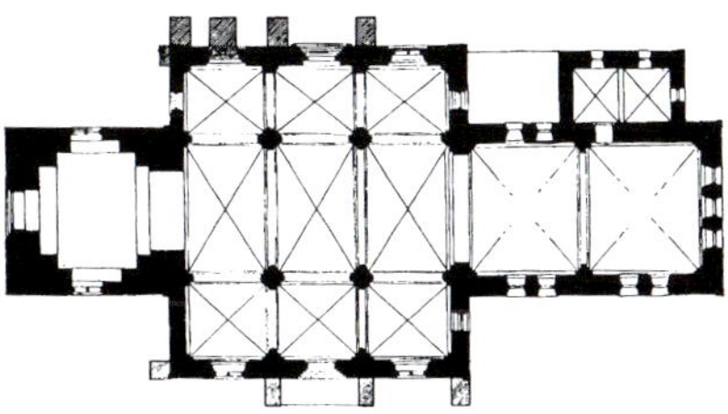

Abb. 17: Marienkirche in Klütz (um 1230–70) mit schmalen Seitenschiffen

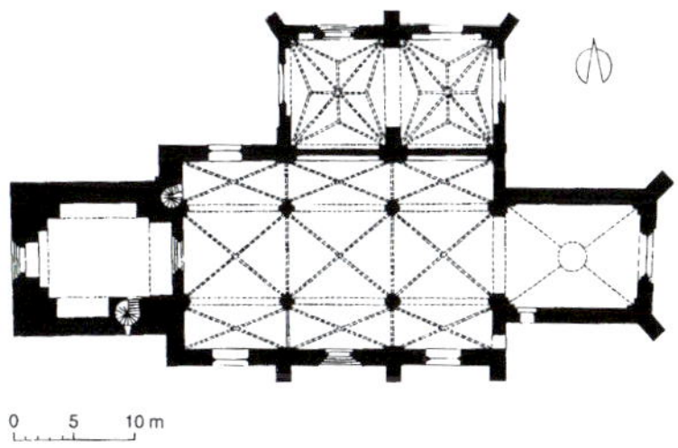

Abb. 18: St. Marien in Parchim (um 1249–1314) mit schmalen Seitenschiffen

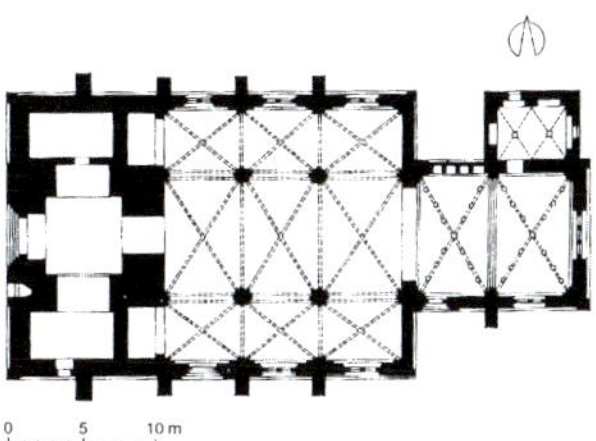

Abb. 19: Dorfkirche von Reinshagen (um 1270–80) mit schmalen Seitenschiffen

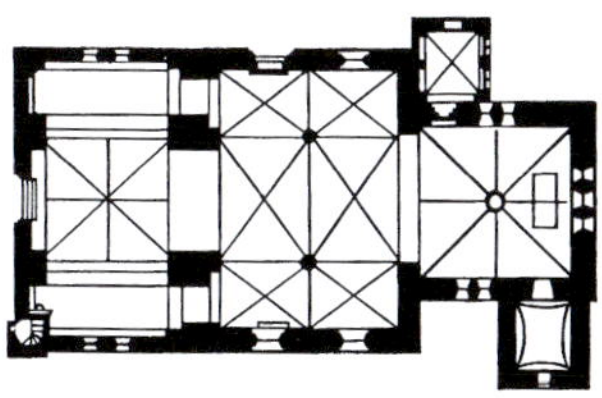

Abb. 20: Dorfkirche von Parkentin bei Rostock (um 1250–1300) mit schmalen Seitenschiffen

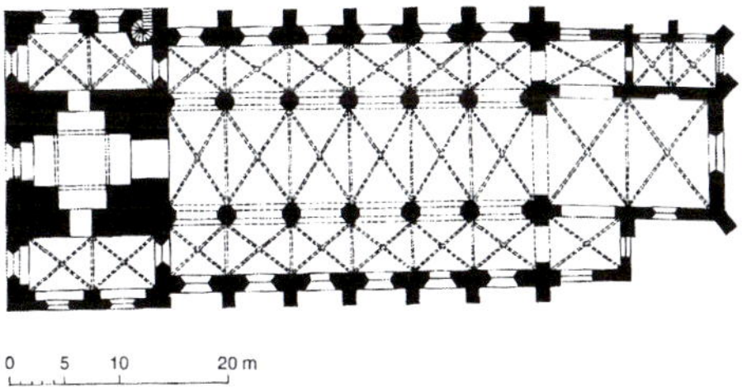

Abb. 21: St. Marien in Barth (um 1260–1300) mit schmalen Seitenschiffen

Überlegungen zur Chorlösung von Bau I der Marienkirche

Wie die Chorlösung bei Bau I der Marienkirche in Wismar aussah, konnte bis jetzt noch nicht festgestellt werden. Sollten sich die Grabungen soweit nach Osten erstrecken, könnten Reste im Boden Aufschluss darüber erteilen. Bau I der Georgenkirche von Wismar (Abb. 7) hatte einen rechteckigen Chor in der

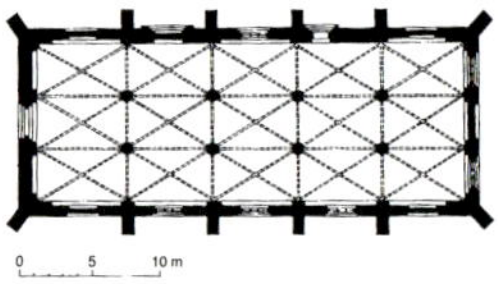

Abb. 22: Dorfkirche in Hohen Viecheln, Hallenkirche mit drei gleichbreiten Schiffen (um 1300)

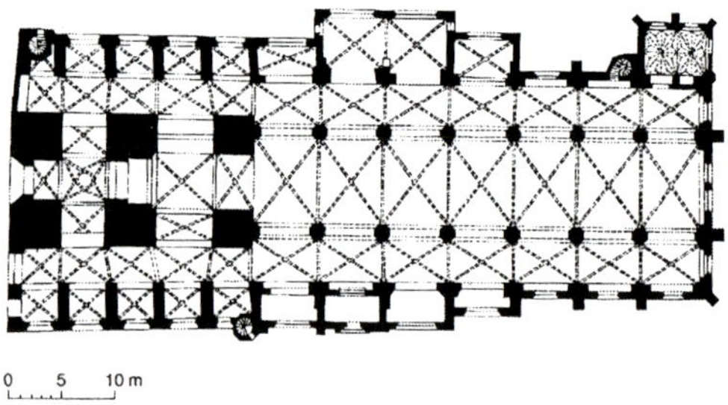

Abb. 23: St. Jacobi in Stralsund (um 1300–1310), ursprünglich eine rechteckige Hallenkirche

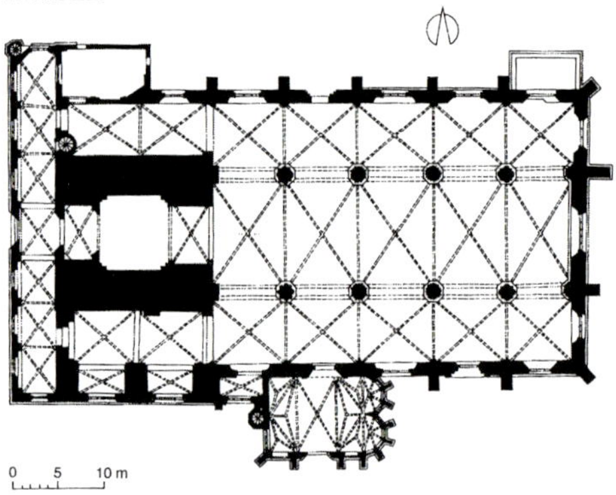

Abb. 24: Marienkirche in Greifswald (um 1275–1350), eine rechteckige Hallenkirche

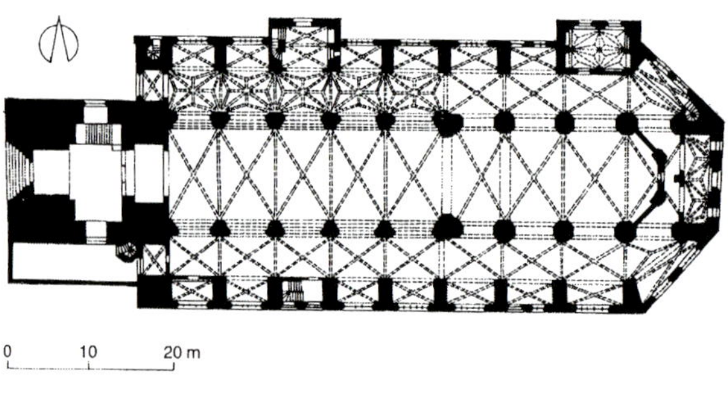

Abb. 25: St. Nikolai in Greifswald (um 1275–1300), ursprünglich eine rechteckige Hallenkirche

Breite des Mittelschiffes mit zwei Jochen. Ähnliche Chorlösungen weisen die genannten Kirchen in Wittenburg (Abb. 16), Rostock, St. Nikolai, (Abb. 13), Klütz (Abb. 17) und Reinshagen (Abb. 19) auf. Bei anderen besteht der Chor nur aus einem rechteckigen oder quadratischen Joch, so in Parchim (St. Marien, Abb. 18), Parkentin (Abb. 20) und Barth (Abb. 21), ursprünglich auch in Gadebusch.

Es gibt jedoch in Mecklenburg-Vorpommern eine andere Gruppe von Hallenkirchen, die keinen eingezogenen Rechteckchor aufweisen, sondern im Osten mit einer geraden Wand abschließen, so dass eine solche Lösung auch bei Bau I der Marienkirche in Wismar denkbar wäre. Dazu gehört ganz in der Nähe die Dorfkirche in Hohen Viecheln (Abb. 22), eine Hallenkirche aus drei gleich breiten Schiffen mit fünf Jochen, erbaut um 1300.

Stärker verbreitet ist dieser Typ eines rechteckigen Hallenbaus in Vorpommern mit St. Jacobi in Stralsund (Abb. 23, um 1300/10 als Halle erbaut, später zur Basilika umgestaltet), die Marienkirche von Greifswald (Abb. 24, um 1275–1350), St. Nikolai in Greifswald (Abb. 25, um 1275 bis um 1300 bis zum Umbau zur Basilika und Erweiterung des Chores um 1360/80) und im Südosten von Mecklenburg St. Marien in Friedland (Abb. 26, um 1250–ca. 1400) und St. Marien in Neubrandenburg (Abb. 27, um 1300–1350). Die beiden letzteren zählt man auch zum Typ märkischer Langhallen, da sie elf beziehungsweise neun Joche aufweisen. Ihr gerader Ostabschluss erlaubt die Ausbildung prächtiger Schaufassaden, reich verzierte Giebel mit Maßwerk, Wimpergen und Fialen. Einen Höhepunkt erfährt dieser Bautyp in der Marienkirche von Prenzlau (Brandenburg), fand aber auch große Verbreitung in den Gebieten des Deutschen Ordens von Ost- und Westpreußen.

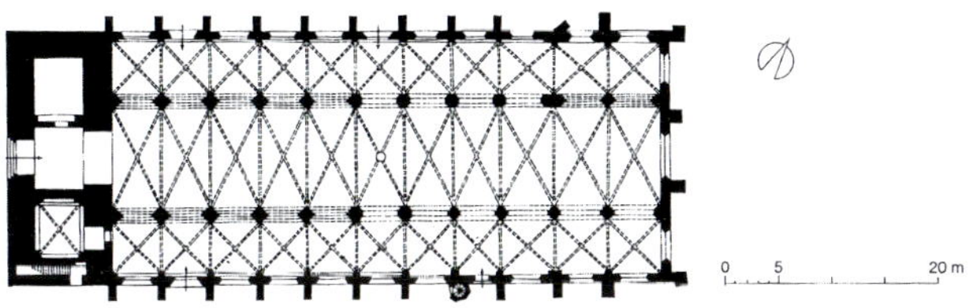

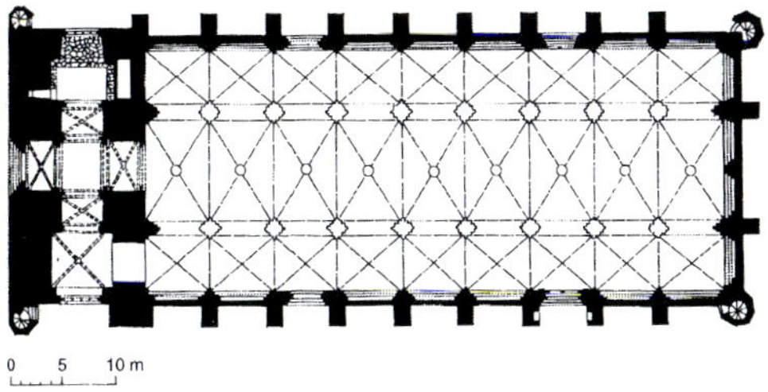

Abb. 26, 27: St. Marien in Friedland (um 1250 bis ca. 1400, oben) und St. Marien in Neubrandenburg (um 1300–1350), rechteckige Hallenkirchen im Typ der märkischen Langhallen

Zum Aufriss des Hallenraumes von Bau I der Marienkirche

Bei den Suchgrabungen im Januar 2001 legte man zum einen das erste Pfeilerpaar von Westen der 1960 gesprengten Basilika frei, zum anderen östlich davon das Feldsteinfundament eines weiteren Pfeilerpaares, das zur Hallenkirche gehört haben muss. Daraus ergeben sich für die Seitenschiffe quadratische Joche von 9 x 9 Meter, für das Mittelschiff querrechteckige von 9 x 10 Meter in lichter Weite. Die meisten Hallenkirchen aus der Zeit um 1250–1270 haben vier bis fünf annähernd quadratische Joche, so dass man auch für Bau I von St. Marien damit rechnen kann. Bei fünf Jochen hätte man eine Gesamtlänge des Hallenraumes von 55 Metern, bei vier Jochen von rund 44 Metern gemessen. Die äußere Breite betrug entsprechend der Turmfront 36 Meter. An der Ostwand des Turmes (Abb. 4) kann man rechts des nördlichen Wandpfeilers noch die Spuren für den Schildbogen zum Gewölbe des nördlichen Seitenschiffes der Hallenkirche beobachten und für die Scheitelhöhe der drei Schiffe ungefähr 16 Meter errechnen.

Bei seiner Rekonstruktion von Bau I der Georgenkirche in Wismar legt Steve Ludwig[4] für das Hallenlanghaus eine ungefähre Länge von 40 Metern, eine Gesamtbreite von 22 Metern und eine Höhe von 12,5 Metern zu Grunde. Demnach wäre das Hallenlanghaus von St. Marien deutlich breiter, länger und höher als das etwa gleichzeitig entstandene von St. Georgen in Wismar gewesen. Dies entspricht der Bedeutung der wichtigeren Pfarrkirche unweit von Marktplatz und Rathaus, errichtet vom Mittelstand der Kaufleute und Handwerker. Für Bau III von St. Marien in Lübeck, als frühgotische Hallenkirche aus der Zeit um 1250/60, hat Dietrich Ellger[5] eine Gesamtlänge des Langhauses von 80 Metern, eine Breite von 32 Metern und eine Gewölbehöhe von 21 Metern festgestellt. Sie wäre heute die größte Hallenkirche Deutschlands, hätten die Lübecker sie nicht ab etwa 1275/80 bis 1330 nach nordfranzösischen Vorbildern durch eine hochgotische Backsteinbasilika mit einem Kathedralchor aus mittlerem Polygon, Umgang und Kapellenkranz ersetzt.

BAU II DER MARIENKIRCHE IN WISMAR Baugeschichte von Chor, Langhaus und Kapellen

Für den Neubau der Marienkirche als Basilika im 14. Jahrhundert gibt es eine wichtige Urkunde von 1339. Darin schließen die Vorsteher von St. Marien mit Meister Johann Grote einen Ver-

Abb. 28: Historische Aufnahme vor der Sprengung: Sie unterstützt die These eines Neubaues der Marienkirche als Basilika lange vor 1339, dem Datum einer Bauinschrift, die sich einst an der Außenwand der vierten Einsatzkapelle von Westen auf der Langhaussüdseite befand. Den Rest eines der ursprünglichen Seitenschifffenster erkennt man auf dem Foto am zweiten Joch von Westen, im Bild links.

trag ab, laut dem Grote Chor und Kirche „usque ad consummationem erarum" (weiter bis zur Vollendung derselben) erbauen solle.[6]

Aus dieser Formulierung kann auch der Schluss gezogen werden, dass der Neubau bereits begonnen war und Meister Grote ihn zu Ende führen sollte. Diese Ansicht vertrat Crain bereits 1853, sie wurde 1898 von Schlie[7] übernommen. Zum einen wäre bei einem erst 1339 vermuteten Baubeginn die Bauzeit bis zur urkundlich überlieferten Weihe des Chores 1353 sehr kurz. Zum anderen wird als Beweis für einen früheren Baubeginn eine Bauinschrift von 1339 angeführt. Es handelt sich um eine vor der Glasur in den Ziegelstein eingeritzte Inschrift, einst in der Außenwand der vierten Einsatzkapelle von Westen auf der Südseite des Langhauses, der später an der dritte Kapelle von Westen vermauert wurde.[8] Wenn sich die Ritzung tatsächlich auf die vierte Kapelle von Westen bezogen haben sollte, würde das die Existenz des vierten südlichen Seitenschiffjoches von Westen zu diesem Zeitpunkt voraussetzen. Es lässt sich allerdings heute nicht mehr mit Sicherheit feststellen, ob die Inschrift tatsächlich für die vierte Kapelle bestimmt war, das heißt, ob sie sich 1853 noch an der ursprünglichen Stelle befand.

Die Beantwortung dieser Frage ist entscheidend für die Baugeschichte des Langhauses, dessen Neubau als Basilika dann schon weit vor 1339 begonnen worden sein muss. Denn die Kapellen standen in keinem Verband zum Seitenschiff, wurden also nachträglich angebaut. Dafür mussten die Wände zwischen den Strebepfeilern um die Fenster herum herausgebrochen und durch breite Spitzbögen als Verbindung zwischen Seitenschiff und Einsatzkapellen ersetzt werden. Der Rest eines Seitenschifffensters über dem neuen Bogen ist im zweiten Joch von Westen auf der Südseite noch auf einer Aufnahme (Abb. 28) aus der Zeit zwischen Kriegsbeschädigung und Sprengung zu erkennen. Man nennt die Kapellen „Einsatzkapellen", weil sie zwischen die Strebepfeiler des Seitenschiffes eingesetzt wurden. Da die Pfeiler zu flach waren, um einen ausreichend großen Kapellenraum zu bilden, hat man sie nach Süden beziehungsweise nach Norden um 0,75 bis 2,25 Meter verstärkt. In den Aufnahmen vor der Sprengung (Abb. 29) ist noch deutlich die entsprechende Baufuge zu erkennen. Der nachträgliche Anbau der Einsatzkapellen wie auch der großen, querschiffartig angeordneten Seitenkapellen (Abb. 30) geht auf den Raumbedarf für die Stiftung von Altären durch Gilden, Ämter (Zünfte) oder einzelne wohlhabende Bürger zurück, für die hier Bittgebete zur Vergebung ihrer Sünden gelesen werden konnten. Beim Bau von Chor und Langhaus hat es diesen Bedarf zunächst wohl noch nicht gegeben. Wenn man sich nachträglich für den beachtlichen Eingriff in die neu errichtete Bausubstanz entschieden hat, muss dafür ein gewisser zeitlicher Abstand von mindestens zehn Jahren angesetzt werden.

Abb. 29: Historische Aufnahme vor der Sprengung mit der Baufuge, die zeigt, dass für den Einsatz der Kapellen die Strebepfeiler des Seitenschiffs um bis zu 2,25 Meter verstärkt werden mussten.

Bezog sich der nicht mehr an originaler Stelle befindliche glasierte Ziegelstein mit der Jahreszahl 1339 tatsächlich auf die vierte Südkapelle von Westen, könnte es sich bei der Seitenschiffwand nur um die des Vorgängerbaus, also der Hallenkirche, handeln, die man für den Neubau als Basilika übernommen hätte. Ein solcher Vorgang ist vom Umbau anderer Hallenkirchen in Basiliken bekannt.

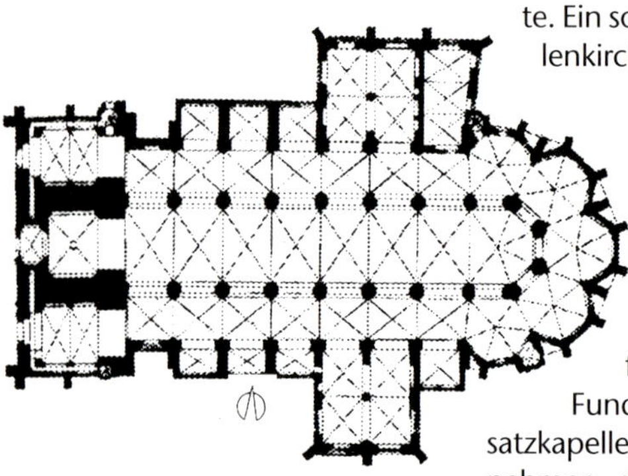

Abb. 30: Bau II der Wismarer Marienkirche am Ende des 19. Jahrhunderts mit Einsatzkapellen und großen, querschiffartigen Seitenkapellen

Im Fall der Marienkirche scheint jedoch der Grabungsbefund eine solche Hypothese zu widerlegen, da er für die Hallenkirche auf breitere Seitenschiffe als die der neu erbauten Basilika schließen lässt. Es sei denn, die weiteren Ausgrabungen ergeben keine Fortsetzung der Findlingsfundamente nach Osten. Zwar liegen die Fundamente der nachträglich angebauten Einsatzkapellen an derselben Stelle, doch ist nicht anzunehmen, dass man zuvor die aus großen Granitfindlingen bestehenden Grundmauern der Hallenkirche beseitigt hat. Im Gegenteil, man benutzte im Mittelalter ganz allgemein gern die Fundamente von Vorgängerbauten, um Kosten zu sparen, manchmal auch dort, wo sie eigentlich zu schwach waren, die höheren Mauern des Neubaues zu tragen, was sich häufig negativ auf die Standfestigkeit auswirkte. Hier bei St. Marien war dies nicht zu befürchten, da die Außenmauern der Einsatzkapellen nicht höher und dicker als die der Hallenkirche gewesen sind.

Berücksichtigt man alle genannten Beobachtungen und Überlegungen, kommt man zu dem Schluss, dass die Jahreszahl 1339 den Baubeginn des basilikalen Langhauses von St. Marien markiert: Ursprünglich war der glasierte Ziegelstein wohl an deren südlichem Seitenschiff außen angebracht, musste beim Bau der Einsatzkapellen dem Ausbruch der Verbindungsbögen weichen und wurde danach an der neuen Außenwand der vierten Kapelle von Westen auf der Südseite vermauert.

Ein sicheres Datum für den ersten Bau einer Einsatzkapelle existiert nur für die Kapelle am vierten Joch von Westen auf der Nordseite. Hier fand man 1756 beim Abbruch ihres Altares eine Urkunde, aus der hervorging, dass Bischof Gerhard von Ratzeburg sie am 9. September 1388 mit ihrem Altar geweiht hat.[9] Daraus wie auch aus dem Ablauf des Baugeschehens ist zu schließen, dass die Kapellen erst ab ungefähr 1388 nachträglich an die bereits mindestens seit zehn Jahren bestehenden Seitenschiffe angebaut worden sind. Im Mauerverband mit der genannten vierten Kapelle von Westen auf der Nordseite steht die große Nordvorhalle, die damit gleichzeitig um 1388 querschiffartig vor das fünfte und sechste Joch von Westen der Nordseite gesetzt worden ist. Nur wenig später dürfte die sich nach Osten anschließende Sakristei entstanden sein, denn bereits 1390 wurde in ihrem oberen Geschoss eine Messe gestiftet.

Schließlich gibt es für den Bau der Knochenhauer-Kapelle gegenüber auf der Südseite vor dem siebten Joch von Westen einen Anhaltspunkt, denn 1414 wird sie erstmalig und dabei als „novum edificeum“ oder „dat nige buwte“[10] bezeichnet. Mit ihr dürfte der Anbau von Kapellen einschließlich der großen, querschiffartigen Südvorhalle vor dem fünften und sechsten Joch von Westen ihren Abschluss gefunden haben. Wichtig für die Klärung der Baugeschichte ist noch die Erwähnung des Baumeisters Johann Grote bei einer Schuldverschreibung 1366 und ein weiteres Mal als Magister Johannes im selben Jahr.[11] Danach wird er nicht mehr genannt – vielleicht weil er gestorben war. Beim letzten, westlichsten Pfeilerpaar des Langhauses ist nämlich ein Formwechsel bei den vorgelegten Diensten zu beobachten. Das weist auf einen Baumeisterwechsel hin und auf die Fertigstellung des basilikalen Langhauses um 1370.

Aus den oben angestellten Überlegungen und den wenigen urkundlichen Nachrichten ergibt sich für das basilikale Langhaus von Bau II der Marienkirche eine Bauzeit von 1339 bis etwa

1370/75. In diesem schon für das voluminöse Langhaus eher knappen Zeitraum kann nicht auch noch der gesamte Chor entstanden sein.

Daraus muss geschlossen werden, dass größere Teile des neuen Chores bereits bestanden, als Meister Johann Grote 1339 verpflichtet wurde, „Chor und Kirche bis zur Vollendung derselben zu erbauen". Dem allgemeinen Bauablauf im Mittelalter folgend wurde als erstes der Chor erbaut, nachdem man – wenn vorhanden – den alten Chor von Bau I abgebrochen hatte. Dessen frühgotischen Hallenraum verschloss man nach Osten mit einer provisorischen Mauer, deren Fundament wahrscheinlich

Abb. 31: Historische Aufnahme der gotischen Kapelle St. Marien zur Weiden, ehemals Begräbniskapelle und Karner: Sie wurde nach dem Zweiten Weltkrieg abgerissen.

von der Georadar-Sondierung am 3. Oktober 2000 erfasst worden ist. Bis zur Weihe des neuen Chores 1353 diente das alte Hallenlanghaus der Kirchengemeinde für die Gottesdienste, dann zog man in den neuen Chor um, brach die alte Hallenkirche ab und erbaute bis etwa 1370/75 das neue basilikale Langhaus. Der Abbruch der provisorischen Trennwand vereinigte beide Raumteile. Auf diese Weise hatte man immer einen großen Kirchenraum zur Verfügung, den man nicht entbehren konnte.

Nach unbestätigten Vermutungen soll zwar die bis zum Abriss Anfang 1960 quer vor der Turmfront stehende Kapelle St. Marien zur Weiden (Abb. 31) als vorübergehender Raum für alle Gottesdienste erbaut worden sein. Sie ist aber dafür schon im

Vergleich zu Bau I viel zu klein, nicht nach Osten ausgerichtet und hat keinen ausgebildeten Altarraum. Man hat sie wohl kurz vor 1324, dem Jahr ihrer ersten urkundlichen Erwähnung, in der Südwestecke des Friedhofs als Begräbniskapelle und Karner erbaut. In der Bombennacht 1945 wurde sie zwar schwer beschädigt, man hätte sie aber ohne weiteres wieder aufbauen können, was jedoch nicht geschah. So wurde auch sie ein Opfer der Abrissorgie.

Abb. 32: Historische Nahaufnahme der nordöstlichen Chorkapelle aus der Zeit vor der Sprengung mit Überresten eines Kleeblattbogenfrieses. Er trägt die Handschrift des namentlich unbekannt gebliebenen ersten Baumeisters, der den Chor begonnen hatte.

Im 19. Jahrhundert gingen Crain[12], Crull[13] und Schlie[14] davon aus, dass Meister Johann Grote, als ihm 1339 die Vollendung der Kirche übertragen wurde, das Erdgeschoss des basilikalen Chores mit dem Umgang und Kapellenkranz bereits vorfand, „auch die Arkaden, mindestens des Chores ... und zwar das Mauerwerk oberhalb des Arkadengesimses bis zu einer Höhe von ein paar Metern". Crull sah eine Baunaht am Chor der Marienkirche in ca. zwei Metern Höhe über dem Arkadengesims.

Ein anderer Baumeister muss also zuvor den Chor begonnen und bis zu der geschilderten Höhe erbaut haben. Wenn für ihn keine schriftliche Überlieferung vorliegt, so ist dies nicht ungewöhnlich, denn aus dem 13. und frühen 14. Jahrhundert kennen wir in Deutschland nur in Ausnahmefällen die Namen der aus der Anonymität der Bauhütten hervorgetretenen Baumeister. Johann Grote ist durch seinen Vertrag von 1339 in Wismar der erste namentlich bekannte Baumeister.

Ein Wechsel in den Detailformen bestätigt die Hypothese, dass vor Johann Grote 1339 ein anderer Meister den Bau begonnen hatte. Am Dachgesims von Umgang und Kapellenkranz lag ein Kleeblattbogenfries, den es beim oberen Abschluss des Hochchores wie auch des Langhauses nicht mehr gab. Wenn der Kleeblattbogenfries auf den alten Aufnahmen an der nordöstlichen Chorkapelle nicht zu sehen ist, war er einst dennoch vorhanden, wie eine Nahaufnahme aus der Zeit vor der Sprengung aussagt (Abb. 32). An dieser Stelle hatte man nämlich nachträglich um 1410/20 und nochmals im 16. Jahrhundert Kapellen angebaut. Entweder schlug man damals schon den Kleeblattbogenfries ab, oder dies geschah beim Abbruch der Kapellen in den 30er Jahren des 19. Jahrhunderts.

Die Bedeutung des hochgotischen Chores der Marienkirche

Abb. 33: Die Kathedrale von Quimper (um 1240–1300), Bretagne, mit Umgangschor und Kapellenkranz

Abb. 34: Lübecker Dom, Hallenkirche mit Umgangschor und Kapellenkranz (Chor ab 1266)

Abb. 35: Nikolaikirche in Stralsund mit Umgangschor und Kapellenkranz (Chor ab 1270)

Abb. 36: Dom von Schwerin mit Umgangschor und Kapellenkranz (Chor um 1270–spätest. 1327)

Mit dem Chor von Bau II der Marienkirche gelangte erstmals eine Chorform nach Wismar, die ihre Wurzeln in der nordfranzösischen Kathedralgotik hat: Ein Umgangschor mit einem Kranz von fünf polygonalen Kapellen. Das Vorbild dafür ist die Kathedrale von Quimper (Abb. 33), erbaut um 1240–1300. Von ihr wurde der Umgangschor mit fünf sechseckigen Kapellen zunächst durch den ab 1266 erbauten Chor des Lübecker Domes (Abb. 34) übernommen, der bis zur Einstellung der Bauarbeiten 1277 als Basilika geplant war[15] und erst nach der Wiederaufnahme der Arbeiten 1329 in einen Hallenchor verwandelt wurde. Bald nach Baubeginn des Lübecker Domchores übernahmen diese Chorlösung zunächst die ab 1270 entstandene Nikolaikirche in Stralsund[16] (Abb. 35), etwa gleichzeitig um 1270 bis spätestens 1327 der Domchor von Schwerin[17] (Abb. 36), um 1280 bis etwa 1310 die Marienkirche in Lübeck (Abb. 37), die Zisterzienser-Klosterkirche in Bad Doberan 1291– um 1300 (Abb. 38) und die Marienkirche in Wismar (Abb. 30) ab etwa 1310/20 bis 1353.

Wegen ihrer frühen Entstehungszeit gehen der Chor von St. Nikolai in Stralsund und der Domchor von Schwerin direkt auf den 1266 begonnenen Domchor von Lübeck zurück, der am getreuesten dem Vorbild von Quimper folgt. Das bezieht sich vor allem auf die Grundrissgestaltung der Chorkapellen, von denen die westlichen beiden ersten in Quimper und beim Lübecker Dom bereits diagonal ausgerichtet sind, während sie bei St. Marien in Lübeck mit der Spitze auf der Ost-West-Achse verbleiben. Dies war offensichtlich eine Notlösung, veranlasst durch die Beibehaltung größerer Partien der südlichen Chorwand des Vorgängerbaus.

33

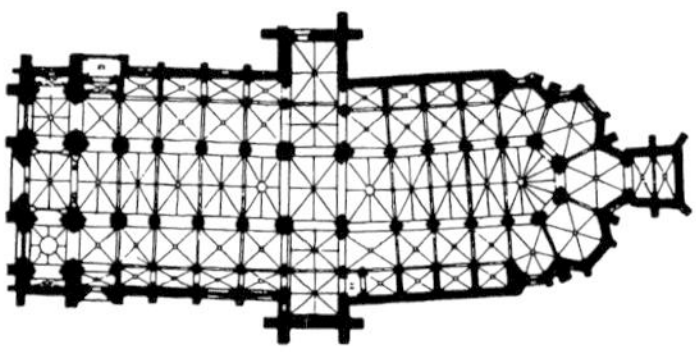

34

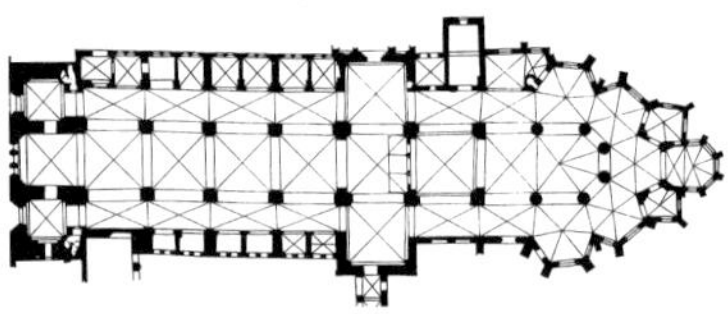

35

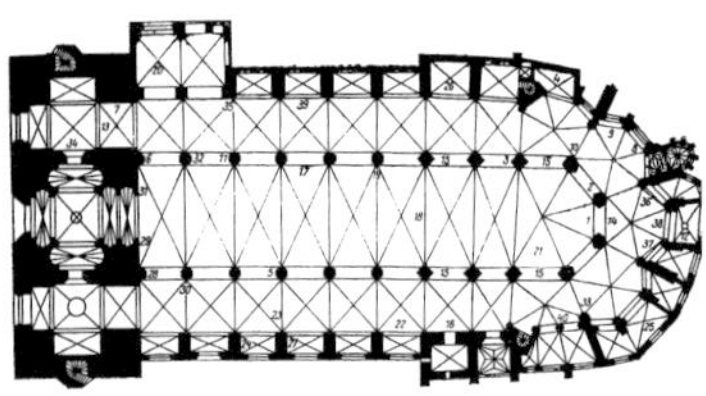

36

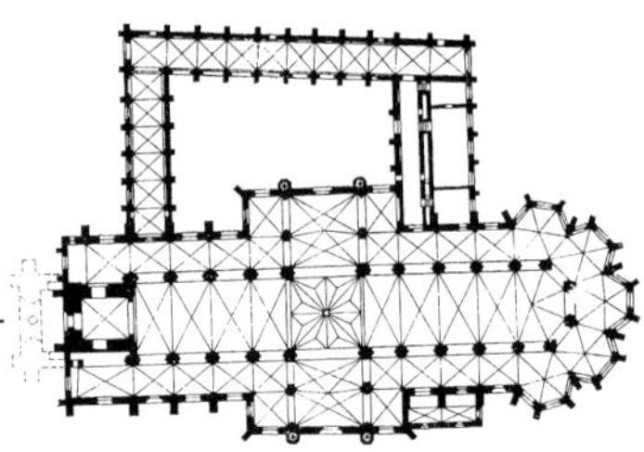

37

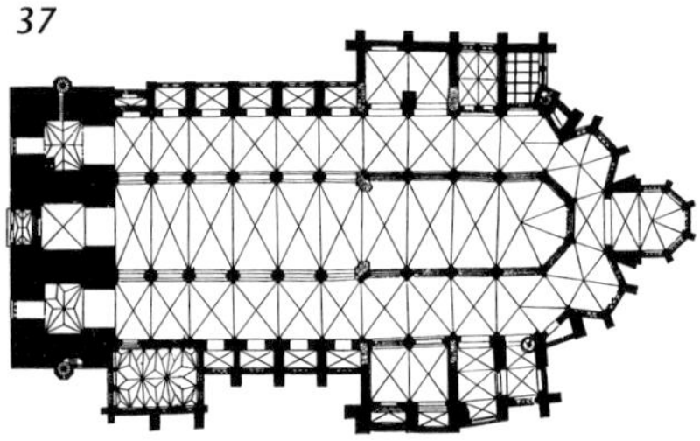

Abb. 39: Außenansicht des Chores von St. Marien in Lübeck (um 1280–um 1310)

Abb. 40: Außenansicht des Chores der Nikolaikirche in Stralsund nach dem Vorbild von St. Marien in Lübeck mit je eigenen Walmdächern über den Kapellen

Diese Sonderlösung von St. Marien kann deshalb nicht das Vorbild für St. Nikolai in Stralsund und den Domchor in Schwerin gewesen sein, zumal nach neuerer Forschung[18] der Chor von St. Marien nicht vor 1280, die beiden anderen aber bereits um 1270 begonnen wurden.

Der Einfluss der Bischofskirche in Lübeck auf die Bischofskirche in Schwerin ist auch nahe liegender als der einer Pfarrkirche. Vom Domchor in Lübeck standen bis zur Bauunterbrechung 1277 nur das Mauerwerk der Chorkapellen bis zum Ansatz der – für eine Basilika niedriger geplanten – Gewölbe, markiert durch die unteren Kapitelle, während die darüber liegenden den ab 1329 für die Hallenform höher ausgebildeten Gewölben dienen.[19]

Nachdem die Bauarbeiten am Lübecker Domchor 1277 bis 1329 unterbrochen wurden und um 1280 der Chorbau von St. Marien begonnen und relativ rasch bis etwa 1310 hochgezogen worden war, wurde dieser für die Aufrissgestaltung der genannten Nachfolgebauten zum Vorbild (Abb. 39). Besonders getreu erfolgt dies bei der Nikolaikirche in Stralsund (Abb. 40), wo jede einzelne Chorkapelle ein eigenes Walmdach erhalten hat, die Zwickel zwischen den drei herausragenden polygonalen Seiten deutlich sichtbar sind. Dagegen weicht der Domchor in Schwerin (Abb. 41) in diesem Punkt deutlich von dem Vorbild der Lübecker Marienkirche ab, da hier Umgang und Kapellenkranz unter einem großen, polygonalen Pultdach liegen. Über

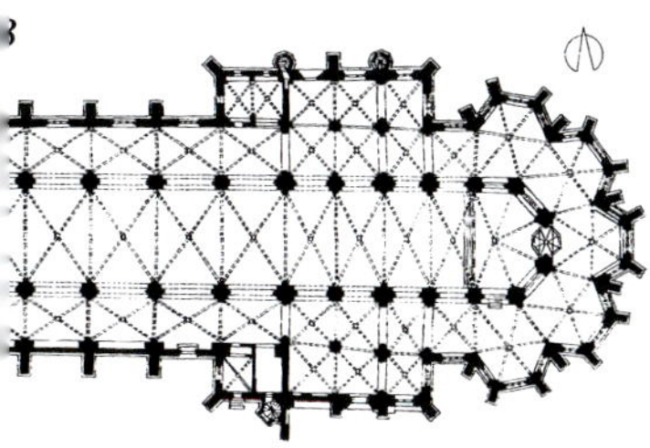

Abb. 37: Marienkirche in Lübeck mit Umgangschor und Kapellenkranz (Chor um 1280–um 1310)

Abb. 38: Zisterzienser-Klosterkirche in Bad Doberan mit Umgangschor und Kapellenkranz (Chor 1291–1300)

die Zwickel zwischen den einzelnen Polygonalkapellen sind nämlich unterhalb der Traufe Steinbalken gelegt.

Abb. 41: Außenansicht des Chores vom Schweriner Dom mit Umgang und Kapellenkranz unter einem gemeinsamen Pultdach

Der Bereich von Kapellen und Umgang ist auch im Vergleich zum Chorhaupt deutlich höher als dies in Lübeck der Fall ist, wo die Obergadenfenster innen bis zu zwei Drittel ihrer Höhe geöffnet sind (Abb. 42), während beim Schweriner Dom (Abb. 43) nur das obere Drittel ein Fenster ist. Ästhetisch wirkt sich dies als ein erheblicher Nachteil aus, verursacht auch dadurch, dass man die in Lübeck offenen Strebebögen hier unter dem Dach verborgen hat. Beim Langhaus, das spätestens 1327 begonnen wurde, hat man deshalb wieder offene Strebebögen eingeführt, wodurch flachere Seitenschiffdächer und damit weiter herabreichende Obergadenfenster möglich wurden.

Abb. 42; Innenansicht der Lübecker Marienkirche mit großen Obergadenfenstern

Der Grundriss der Zisterzienserkirche in Bad Doberan hängt – wie der Vergleich beweist – vom Dom in Schwerin ab. Wenige Jahre nach dem Brand 1291 begonnen, wird der Chor 1336 urkundlich als schon längere Zeit bestehend bezeichnet. Danach wurde das Langhaus bis zur Weihe 1368 vollendet. Die heutige Gestalt der Chordächer (Abb. 44) geht auf die Restaurierung 1880–1900 durch Gotthilf Ludwig Möckel zurück. Bis dahin war wie in Schwerin ein Steinbalken über die Zwickel der Chorkapellen gelegt, so dass sich darüber ein einheitliches Dach erheben kann. Aus technischen Gründen ist dies günstiger, da es nicht so viele Kehlen wie ein zerklüftetes Dach hat und damit vor allem bei schmelzendem Schnee nicht so durchlässig ist. Ästhetisch ist aber die seit 1900 bestehende Lösung mit den Einzeldächern vorzuziehen, was die Neugotik in ihrem Bestreben, das Mittelalter noch zu übertreffen, auch zu der Korrektur veranlasst hat. Die Übereinstimmung zwischen dem Schweriner Dom und der

Abb. 43: Innenansicht des Schweriner Domes mit relativ kleinen Obergadenfenstern

Abb. 44: Außenansicht der Zisterzienser-Klosterkirche in Doberan von Osten mit den im späten 19. Jahrhundert restaurierten Chordächern

Klosterkirche von Bad Doberan besteht auch in der Ausbildung eines Querschiffes, wie es für eine Bischofskirche wegen der großen Zahl der Kleriker und für eine Zisterzienserkirche der Mönche naheliegend ist. Dagegen benötigte man für Pfarrkirchen wie die Marienkirche in Lübeck, St. Nikolai in Stralsund sowie St. Marien und St. Nikolai in Wismar kein Querschiff.

Gemeinsamkeiten zwischen dem Schweriner Dom und der Klosterkirche in Doberan bestehen auch in Details wie dem Kleeblattbogenfries unterhalb des Dachgesimses. Diesen findet man auch sehr ähnlich am Chor der Georgenkirche (Abb. 45, um 1300–20) und an den Chorkapellen der Marienkirche in Wismar (Abb. 3, um 1320–39). Wie Ludwig[20] ausführlich beschreibt, gibt es eine ganze Reihe von Übereinstimmungen in Details zwischen den beiden, ungefähr gleichzeitig entstandenen Chorbauten sowie auch zur 1324 erstmalig genannten, kurz zuvor erbauten Kapelle St. Marien zur Weiden (Abb. 31), so dass sich die

Abb. 45: Der Kleeblattbogenfries am Chor der Georgenkirche in Wismar (um 1300–1320) kehrt ähnlich auch am Schweriner Dom und dem Doberaner Münster wieder.

Abb 46: Innenansicht des Chores der Wismarer Georgenkirche mit Achteckpfeilern, wie sie auch in St. Marien gewesen sind (siehe Abb. 47).

drei Sakralbauten zu einer eigenen Baugruppe in Wismar zusammenschließen, die möglicherweise auf einen gemeinsamen Baumeister hindeutet, dessen Namen wir leider nicht kennen.

Die Georgenkirche hat allerdings eine ganz andere Chorlösung, die zwar erstmalig in Wismar die Raumform der Basilika einführt, jedoch mit einem geraden Ostabschluss, wie er sonst mehr für Hallenkirchen üblich ist. Als Vorbilder kommen die Zisterzienserkirchen in Hude (Oldenburg, 1234–51), Pelplin (Westpreußen, 1277–1300), Mariensee (Brandenburg, um 1260–73) und Deutsch Krone (Westpreußen, Anfang 14. Jahrhundert) in Frage.[21]

Mit dem neuen Ostabschluss gelangt bei St. Marien in Wismar zum ersten Mal ein Kathedralchor mit Umgang und Kapellenkranz nach Wismar. Dabei liegt es nahe, im Domchor von Schwerin das Vorbild zu sehen. Denn neben der deutlichen Übereinstimmung in der Grundrissbildung und im Kleeblattbogenfries weist auch die Dachgestaltung darauf hin. Auch in Wismar sind Steinbalken mit dem Kleeblattbogenfries über die Zwickel zwischen den Polygonalkapellen gelegt, so dass sich über der Traufe ein einziges großes Pultdach erstreckt. In den im Vergleich zu Schwerin besser ausgewogenen Proportionen und der Ausbildung von offenen Strebebögen bestehen Ähnlichkeiten zum Chor der Marienkirche in Lübeck, von der in Wismar auch der Verzicht auf ein Querschiff übernommen worden war. Insofern ist die Marienkirche in Wismar sowohl eine Tochter des Schweriner Domes als auch der Lübecker Marienkirche.

In einem wichtigen Punkt weicht sie aber von beiden ab: Sie hat innen (Abb. 47) keine reich in Dienstbündel aufgelöste Bündelpfeiler, sondern schlichte Achteckpfeiler. Diese sind offensichtlich vom Chor der benachbarten Georgenkirche (Abb. 46) übernommen, wie die Übereinstimmungen bis ins Detail erkennen lassen. Es handelt sich dabei um die Vorwegnahme spätgotischer Reduzierungen in der Backsteinbaukunst, wie sie etwa gleichzeitig in den westlichen Langhausjochen von St. Nikolai in Stralsund (ungefähr ab 1310–60), sonst aber erst nach 1382/84 in der Marienkirche von Stralsund und nach 1398 in der Marienkirche von Rostock vorkommen. Es könnte sein, dass diese einfache Form des im Grundriss achteckigen Pfeilers zusammen mit dem geraden Chorabschluss zuerst beim Chor der Georgenkirche in Wismar vom Vorbild der Zisterzienserkirche in

Abb. 47: Historische Aufnahme der Wismarer Marienkirche vor 1945 mit den charakteristischen Achteckpfeilern an den Mittelschiffarkaden

Abb. 48: Innenansicht der Wismarer Nikolaikirche mit reichprofilierten Dienstbündeln an den Mittelschiffarkaden

Pelplin übernommen worden ist. Wenn dort die dünnen, runden Kantenstäbe an den Ecken fehlen, wie sie bei St. Georgen und St. Marien in Wismar sowie bei St. Nikolai in Stralsund zu finden sind, so mag dies auf die typische Vereinfachung der Bauformen durch die Zisterzienser zurückzuführen sein, der sich allerdings die Mönche von Doberan nicht angeschlossen haben. Erstaunlicherweise greift auch die sonst so treu der Marienkirche folgende Nikolaikirche in Wismar (Abb. 48) ab 1381 wieder die hochgotische Auflösung der Pfeiler in reichprofilierte Dienstbündel auf, wie sie nach dem Vorbild von St. Marien in Lübeck und dem Domchor in Schwerin auch der Chor der Marienkirche in Rostock (um 1290 begonnen) bis zum Planwechsel 1398 besitzt.

In der Zeit danach gibt es hier wie auch in der Marienkirche von Stralsund (ab 1382/84) nur noch jene ganz einfachen Achteckpfeiler, die bereits fast einhundert Jahre früher in Pelplin auftraten. Die einzigartige frühe Verwendung von Achteckpfeilern im Chorpolygon von St. Marien geht auf die Übernahme von St. Georgen zurück und bestätigt die Vermutung, dass beide Bauvorhaben sowie auch die Kapelle St. Marien zur Weiden möglicherweise vom selben Baumeister geleitet worden sind. Dafür sprechen auch die vielen Übereinstimmungen in den folgenden Detailformen:[22]

Wismar, St. Georgen, Chor	**Wismar, St. Marien, Chor**
Südportal	*beide Chorportale*
Seitenschifffenster	*Fenster des Chorumgangs*
Gewölbedienste	*Gewölbedienste in den Seitenschiffen*
Oktogonale Pfeiler mit eingelegten Kantenstäben	*ebenso*
Kleeblattbogenfries unter der Traufe	*ebenso, aber nur am Chorumgang*

Abb. 49: Innenansicht der Kathedrale von Reims mit dreizonigem Wandaufbau (hohe Arkaden, Triforium und Obergaden) im Unterschied zum zweizonigen Wandaufbau der norddeutschen Backsteinkirchen

Abb. 50: Der zweizonige Wandaufbau ohne Triforium, dafür mit einem den Höhenzug nicht unterbrechenden Laufgang mit Brüstung, ist für einige nordwestfranzösische Kathedralen typisch und könnte den Wandaufbau in der norddeutschen Backsteingotik beeinflusst haben. Kathedrale von Le Mans

Als Johann Grote mit Vertrag von 1339 verpflichtet wurde, Chor und Kirche bis zur Vollendung zu erbauen, fand er also den Umgangschor bereits bis zu einer Höhe von etwa zwei Metern über dem Arkadengesims vor. Er vollendete ihn bis zur Weihe 1353, ließ dabei jedoch am Hochchor den Kleeblattbogenfries weg. Ein solches Motiv war inzwischen aus der Mode gekommen und wird allgemein vom zweiten Drittel des 14. Jahrhunderts an nicht mehr verwendet.

Im Wandaufbau folgt die Marienkirche (Abb. 47) dem Vorbild von St. Marien in Lübeck (Abb. 42). Die Zone der Obergadenfenster setzt direkt auf dem Gesims über den Erdgeschossarkaden an. Diese Zweigeschossigkeit unterscheidet die Backsteinkirchen an der Ostsee von den klassischen Kathedralen Frankreichs in der Île de France wie Reims (Abb. 49) oder Amiens, bei denen zwischen Arkadenzone und Obergaden ein Triforium liegt und damit drei Geschosse vorhanden sind. In Lübeck befindet sich an dieser Stelle lediglich ein schmaler Laufgang hinter einer Brüstung, optisch nicht als trennendes Geschoss zwischen Arkaden und Obergaden in Erscheinung tretend.

Darin folgt St. Marien in Lübeck dem Vorbild nordwestfranzösischer Kathedralen wie Coutances und Le Mans (Abb. 50), wodurch die Hypothese unterstützt wird, dass die basilikalen Chöre mit Umgang und Kapellenkranz durch die Vermittlung des Tuchhandels mit Flandern aus Nordfrankreich an die Ostsee gelangt sind.[23] Für den Grundriss mit den fünf sechseckigen Kapellen war dabei der Einfluss von Quimper auf den Chor des Domes, für die Wandgestaltung von Le Mans auf die Marienkirche in Lübeck maßgebend. Bei der Marienkirche in Wismar wurde die Zweigeschossigkeit im Wandaufbau noch konsequenter ausgebildet, indem der Laufgang zwischen Arkaden und Obergaden wegfiel.

Auf den Fotos aus der Zeit vor der Kriegszerstörung wird dieser Bereich im Chor durch den großen Barockaltar von 1749 leider verdeckt. Danach erkennt man zwar im Chorpolygon noch einen Absatz, der jedoch aus Holz bestand und zur Altarbekrönung gehörte. Zwischen Arkaden und Obergaden gab es über dem Gesims einen Mauerabsatz, der aber für einen Laufgang zu schmal war, auch fehlte jede Verbindung zum Nachbarjoch. Es existierte lediglich pro Joch eine Tür zum Dachraum des Chorumgangs beziehungsweise der Seitenschiffe. Im Verzicht auf einen Laufgang wirkten sich bei St. Marien in Wismar die Beziehungen zum Schweriner Dom aus, bei dem sogar der Mauerabsatz fehlt.

Während in Lübeck und Schwerin die Gewölbedienste bis auf den Boden, das heißt auf die Pfeilersockel herabgeführt wurden, war dies bei St. Marien in Wismar nur in den Seitenschiffen der Fall. Im Chor sowie zwischen dem fünften und sechsten Langhausjoch von Westen wurde der Gewölbedienst mit einer Konsole abgefangen, die unterhalb der Pfeilerkämpfer saß. Bei den übrigen Langhausjochen erfolgte die Abkragung mit einer Konsole weiter oben in der Zone zwischen Pfeilerkämpfer und Arkadengesims.

Der Bau des Langhauses

Nachdem der neue Chor 1353 vollendet und geweiht worden war, konnte man ihn benutzen, das frühgotische Hallenlanghaus abbrechen und das basilikale Langhaus neu errichten. Da seine Seitenschiffe schmaler als die des Vorgängerbaus waren, hätten die alten Außenmauern so lange stehen bleiben können, bis sie nach und nach abgetragen und die Backsteine für die neuen Außenmauern wieder verwendet worden waren. Dadurch hätte es keine Probleme mit der Zwischenlagerung gegeben. Auffallend ist nämlich, dass die Mauern der Marienkirche nicht wie sonst üblich aus je einer sorgfältig gemauerten Schale außen und innen und einer dazwischen liegenden aus Bauschutt und Fehlbränden mit viel Mörtel gegossenen Füllung bestanden, sondern ganz aus Backsteinen durchgemauert waren. Das zeigen die Fotografien aus der Zeit nach der Kriegsbeschädigung und während der Sprengung.

„Die beiden westlichen Pfeilerpaare unterscheiden sich von den übrigen dadurch, dass sie auf ihren acht Seiten mit aufliegenden birnförmig profilierten Vertikalstäben belebt sind" berichtet Schlie.[24] Auf den Fotografien aus der Zeit vor der Sprengung ist diese Abweichung deutlich zu erkennen. Sie deutet wahrscheinlich auf einen Wechsel in der Bauleitung hin. Meister Johann wird 1366 zum letzten Mal schriftlich erwähnt, könnte bald danach verstorben und durch einen anderen Baumeister ersetzt worden sein, der den Bau des Langhauses mit den beiden westlichen Jochen um 1370/75 vollendete und vor 1388 mit dem Bau der Einsatzkapellen begann.

Auf die Tätigkeit von Meister Johann Grote ginge zwischen 1339 und 1353 die Vollendung des Chores mit dem Bau des Obergadens und ab 1353 bis etwa 1366 der Neubau des basilikalen Langhauses bis auf die zwei westlichen Joche zurück.

Nachträgliche Anbauten an Langhaus und Chor

Das Langhaus von St. Marien hat sicher ohne die großen Seitenkapellen und die Einsatzkapellen sehr viel schlanker (Abb. 51) und im Sinne des gotischen Höhendranges typischer gewirkt. Bald nach der Vollendung des Langhauses muss großer Platzmangel entstanden sein, anders sind die starken Eingriffe in die gerade erst fertiggestellten Außenwände der Seitenschiffe nicht erklärbar. Wie bereits erwähnt, gibt es für die Einsatzkapelle vor dem vierten Joch von Westen auf der Nordseite das urkundlich überlieferte Datum vom 9. September 1388, die anderen könnten ab etwa 1375 oder nach 1388 an die Seitenschiffe angebaut worden sein. Derartige Kapellen zwischen den Strebepfeilern der Seitenschiff-Außenmauern kommen bereits beim Chor in Quimper um 1240–1300 vor. Bei St. Nikolai in Stralsund entstehen sie gleich im Zusammenhang mit dem Langhaus um 1300–1350, ebenso bei St. Marien in Lübeck zwischen 1315 und 1330 und beim Hallenlanghaus des Lübecker Domes 1335/41. Der Dom in Schwerin und die Klosterkirche in Doberan haben ebenso wie ursprünglich die Marienkirche in Wismar keine Einsatzkapellen gehabt, wodurch die Zusammengehörigkeit dieser Baugruppe nochmals deutlich wird.

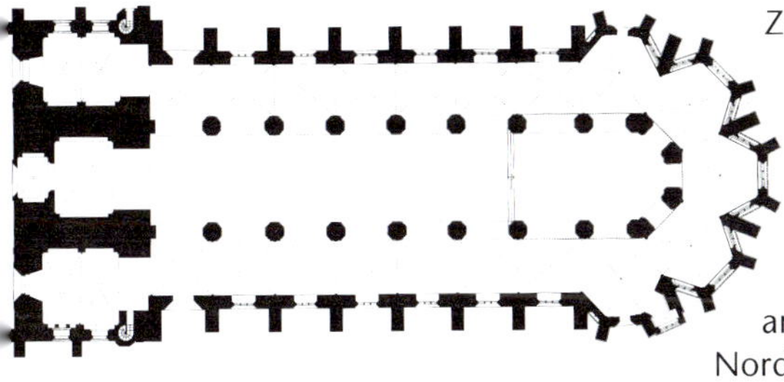

Abb. 51: Rekonstruktion von Bau II der Wismarer Marienkirche ohne die späteren Seiten- und Einsatzkapellen

Etwa zur gleichen Zeit wie die Einsatzkapelle im vierten Joch von Osten auf der Nordseite errichtete man dort bis 1388 die große, querschiffartig angeordnete Nordhalle, in der ein Mittelpfeiler vier quadratische Gewölbe trägt. Direkt daran schließt die Sakristei an, in der 1390 bereits eine Messe gelesen wurde. Ihr Obergeschoss ist besonders reich mit Fialen, Wimpergen und Blendmaßwerk ausgeschmückt, wobei sich deutliche Beziehungen zur Kapelle am östlichsten Chorjoch von St. Georgen ergeben. Diese wird „Kapelle des Herder Kempe und der Vicken" genannt und ist am Ende des 14. Jahrhunderts – also etwa zur gleichen Zeit wie die Sakristei von St. Marien – erbaut worden.

Die der Nordhalle entsprechende große, querschiffartige Halle auf der Südseite steht im Zusammenhang mit der nach Osten anschließenden Knochenhauerkapelle, die 1414 als „novum edificeum" oder „dat nige buwte" bezeichnet wird[25], also kurz zuvor erbaut worden sein muss.

Besonders die großen Hallen haben das Erscheinungsbild der Marienkirche mit ihrer querschiffartigen Form entscheidend verändert. Als Abschluß nach Norden beziehungsweise nach Süden haben beide je zwei Dreiecksgiebel, die durch vier Fialen in drei Felder mit Spitzbogenblenden gegliedert sind. Schließlich hat man ungefähr zwischen 1410 und 1420 noch die Kapelle der Krämer und wohl erst im 16. Jahrhundert eine zweite daneben an die nordöstliche Seite der Chorkapellen angebaut, jedoch bereits in den 30er Jahren des 19. Jahrhunderts abgebrochen.

Die Aufstockung des Turmes

Die letzte Baumaßnahme des Mittelalters betraf den Westturm, der zu Beginn des 15. Jahrhunderts um drei Geschosse auf eine Gesamthöhe von rund 80 Metern aufgestockt wurde. (Abb. 52). Diese Erhöhung war schon deshalb notwendig geworden, weil das Mittelschiff der Basilika mit seiner Höhe von 32,3 Metern und der darüber liegende Dachstuhl den alten Turm weit überragten. Die Kirche wäre also nach Westen hin ohne Abschluss gewesen. Die an den Eckquadern aus hellem Kalkstein erkennbare Aufstockung (Abb. 53) erfolgte in drei, nach oben hin höher werdenden, durch Gesimse voneinander abgesetzten Geschossen. Den oberen Abschluss bilden vier besonders reich mit Blendmaßwerk verzierte Giebeldreiecke (Abb. 54), zwischen denen sich einst ein achteckiger Pyramidenhelm in der Art der Lübecker Turmhelme erhob.

Abb. 52: Der Westturm der Wismarer Marienkirche im Jahr 2000 – der einzige Rest des bedeutenden Backsteinbaus, der nach der Sprengung von 1960 erhalten blieb.

Abb. 53: Westturm der Wismarer Marienkirche im Jahr 1990. Die spätgotische Turmaufstockung ist an den Ecken mit hellen Hausteinquadern verziert.

Die enorme Last des mehr als doppelt so hoch gewordenen Turmes war so groß, dass die Fundamente in seinem Bereich nachgaben und es zu einer starken Setzung kam. Die Seitenkapellen blieben ungefähr in ihrer Lage stehen, so dass ihre Mauern von der des Turmes abreißen mussten. Diese Bewegung ist noch deutlich am nördlichen Kleeblattbogenfries auf der Westseite in einem starken Versprung zu erkennen (Abb. 55), nicht ganz so stark beim südlichen (Abb. 56). Die dabei entstandenen großen Risse im Mauerwerk hat man geschickt geschlossen. In den Spitzbögen der drei später verkleinerten Westportale machen sich die Senkungen durch einen Versprung im Scheitel ebenfalls bemerkbar.

Abb. 54: Auf den dreieckigen Giebeln saß ursprünglich ein hohes Pyramidendach.

Nachmittelalterliche Veränderungen

Ein Dachreiter des Westturmes, wahrscheinlich der Ersatz für den irgendwann zerstörten Turmhelm, brannte 1539 in Folge eines Blitzschlags ab, wurde durch einen neuen ersetzt, der seinerseits am 4. Januar 1661 vom Sturm heruntergeworfen und seitdem nicht mehr ersetzt wurde. Man beließ es beim schlichten Abschluss durch die vier sich kreuzenden Satteldächer. Auf dem Ostende des mit Mönchsziegeln gedeckten Mittelschiffes sitzt ein Dachreiter. Er stammt aus den 60er Jahren des 19. Jahrhunderts[26] und war noch bis zur Sprengung 1960 vorhanden (Abb. 3).

Auf welchen Anlass die Erneuerung von vier Konsolen an den Gewölbediensten des nördlichen Seitenschiffes zurückgeht, ist nicht zu ersehen. Sie wurden am Ende des 16. Jahrhunderts

Abb. 55, 56: Die nachträgliche Aufstockung war so schwer, dass sich das Mauerwerk senkte, wie man an dem um mehrere Zentimeter versprungenen nördlichen Kleeblattbogenfries erkennen kann.

Abb. 57: Eine gotisierende Kopfkonsole aus dem späten 16. Jahrhundert bildet den unteren Abschluss eines Gewölbedienstes im nördlichen Seitenschiff der Wismarer Marienkirche.

von Philipp Brandin als Kopfkonsolen (Abb. 57) erneuert. Im 18. Jahrhundert sind – vielleicht durch die Erschütterungen bei der Sprengung der Festungswerke 1718 – Verformungen am Chor entstanden, denen man durch die rundbogige Verkleinerung einiger Chorfenster zu begegnen versuchte. Ob die Schließung der Rundfenster im Sockelgeschoss des Turmes damals oder schon früher bei der oben erwähnten Senkung erfolgte, kann heute nicht mehr eindeutig bestimmt werden. Das gilt auch für die Ausmauerung der Portalbögen in der Westseite des Turmes, die 2002 wieder herausgenommen wurden.

Das Verhältnis von St. Marien zu St. Nikolai und St. Georgen in Wismar

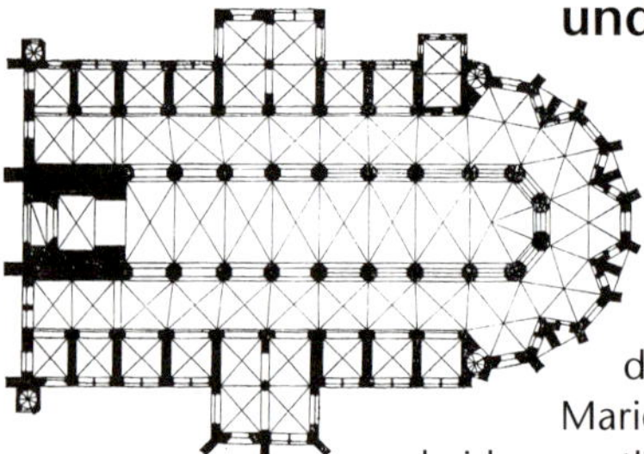

Abb. 58: Der Grundriss der „aus einem Guss" errichteten Nikolaikirche in Wismar (ab 1381) orientierte sich an der von Planwechseln geprägten Marienkirche.

Die um 1370/75 vollendete Marienkirche wurde zum Vorbild der ab 1381 erbauten Nikolaikirche in Wismar durch Heinrich von Bremen, Baumeister des Michaelisklosters in Lüneburg. Zuvor hat er vielleicht auch das Langhaus von St. Marien mit dem Bau der beiden westlichen Joche vollendet und nachträglich sowohl die Einsatzkapellen als auch die beiden großen, querschiffartig angeordneten Vorhallen errichtet. Was bei St. Marien durch Planänderung nachträglich zusammengewachsen ist, wird bei St. Nikolai einheitlich geplant, jedoch erst unter der Bauleitung von Hermann Münster ausgeführt. Die Verwandtschaft beider Bauten wird bei der Betrachtung der Grundrissbildung (Abb. 30, 58) und der Chorgestaltung (Abb. 59, 60) deutlich. Beim Vergleich der beiden Innenräume

Abb. 59/60: Der Chor der Wismarer Marienkirche in einer historischen Aufnahme vor 1945 (Abb. 59, Seite 62 unten) und zum Vergleich der Chor von St. Nikolai im Jahr 2000 (Abb. 60, nebenstehend)

(Abb. 48, 61) sind die auf dem gemeinsamen Vorbild der Lübecker Marienkirche beruhenden Ähnlichkeiten zu erkennen, aber auch die Abweichungen in der Profilierung der Pfeiler und die steileren Raumproportionen. Bei einer Mittelschiffbreite von 10,3 Metern und einer Gewölbehöhe von 32,5 Metern ergibt sich bei St. Marien ein Verhältnis wie 1:3,1 – bei St. Nikolai mit 10,5 m Mittelschiffbreite und 37 Metern Gewölbehöhe wie 1:3,5. St. Nikolai in Wismar weist damit neben dem Kölner Dom die steilste Raumproportion einer gotischen Kathedrale in Deutschland auf.

Auf Heinrich von Bremen folgte Hermann Münster in der Bauleitung von St. Nikolai, der gleichzeitig in St. Georgen tätig war, desgleichen sein Nachfolger Hans Martens, der St. Nikolai 1487 mit der Errichtung der oberen Turmgeschosse zum Abschluss brachte, ausgenommen den 1504–1506 aufgesetzten

Turmhelm. Dieser glich den gotischen Pyramidenhelmen der Lübecker Türme. Er stürzte 1703 ab. Zeichnerisch ist er jedoch überliefert, so dass wir eine Vorstellung vom ursprünglichen Aussehen des Turmes haben. Mit seinem 80 Meter hohen Turmkörper dürfte er einer der höchsten in Mecklenburg gewesen sein und wurde nur von dem Westturm der Marienkirche in Stralsund mit einst 150 Metern Gesamthöhe übertroffen, bevor auch hier der Helm 1647 durch Blitzschlag zerstört wurde. Nachdem der Turm von St. Nikolai in Wismar nach 1703 den heutigen, provisorischen Abschluss und der unvollendete Westturm von St. Georgen um 1540 einen Notabschluss erhalten hatten, vermittelt heute in Mecklenburg-Vorpommern nur noch der vor kurzem rekonstruierte Turm der Petrikirche in Rostock einen Eindruck von einem gotischen Pyramidenhelm.

Wenn auch die Baumeister Hermann Münster und Hans Martens gleichzeitig an St. Nikolai und St. Georgen tätig waren, bestehen doch kaum formale Beziehungen zwischen beiden Kirchen. Die ab etwa 1445 bis 1478 neu aufgeführte Georgenkirche beeindruckt vor allem durch ihre gewaltige Baumasse mit dem weit ausladenden Querschiff, das für hochgotische Pfarrkirchen des 13. und 14. Jahrhunderts nicht üblich war. Vorbild für St. Georgen waren in dieser Beziehung die Marienkirchen in Rostock (ab 1398) und Stralsund (ab 1382/84).

Zusammenfassung der Baugeschichte von St. Marien

Bau I :

Hallenkirche mit Westturmanlage, erbaut um 1260–70, Einfluss der Marienkirche in Lübeck bezüglich des Westturms mit Seitenkapellen, bezüglich der breiten Seitenschiffe des Langhauses von St. Jacob und Dionysius in Gadebusch. Die Breite des Langhauses betrug 36 Meter, die Höhe der Gewölbe etwa 16 Meter, die Länge des Schiffes und die Gestalt des Chores sind unbekannt. Erhalten blieben der Westturm und seine Seitenkapellen.

Abb. 61: Innenansicht von St. Nikolai in Wismar mit den neben dem Kölner Dom steilsten Raumproportionen einer gotischen Kathedrale in Deutschland

Bau II :

1. Bauabschnitt:

Abriss des Chores der Hallenkirche, Bau einer provisorischen Abschlusswand zum zunächst weiterbenutzten Hallenlanghaus.

Um 1320–1339 Errichtung des basilikalen Umgangschores mit Kapellenkranz nach dem Vorbild des Schweriner Domes und der Klosterkirche in Bad Doberan. In den Einzelformen enge Verwandtschaft zum basilikalen Chor der Georgenkirche in Wismar und zur Kapelle St. Marien zur Weiden, die in derselben Zeit und vielleicht vom selben Baumeister erbaut worden sind.

2. Bauabschnitt

Meister Johann Grote übernimmt 1339 die Bauleitung, findet den Chor bereits im Untergeschoss bis zu zwei Meter über dem Arkadengesims fertig und vollendet ihn bis zur Weihe 1353. Danach wird der Chor in Benutzung genommen und das alte Hallenlanghaus Zug um Zug abgetragen, das Backsteinmaterial für den Neubau des Langhauses als Basilika wiederverwandt. Für den Aufriss war die Marienkirche in Lübeck das Vorbild.

3. Bauabschnitt

Nach dem Tod des 1366 zuletzt urkundlich erwähnten Johann Grote übernimmt ein anderer Meister – vielleicht Heinrich von Bremen – die Bauleitung, ändert das Profil der beiden letzten Pfeilerpaare vor dem Turm und vollendet das Langhaus um 1370/75.

4. Bauabschnitt

Noch vor 1388 werden nachträglich zwischen die Strebepfeiler Einsatzkapellen angebaut, auf der Nordseite um 1388 die Nordhalle und vor 1390 die Sakristei, die Südvorhalle und die östlich daneben liegende Knochenhauerkapelle vor 1414. Vorbild dafür war St. Marien in Lübeck. Baumeister könnte ebenfalls Heinrich von Bremen gewesen sein.

5. Bauabschnitt

Aufstockung des Westturms um drei Geschosse auf eine Höhe von 80 Meter.

Nachmittelalterliche Veränderungen

Im 15. oder frühen 16. Jahrhundert Zerstörung des steilen gotischen Pyramidenhelmes und Ersatz durch einen Dachreiter, der 1539 durch Blitzschlag zerstört wurde. Der Ersatz wurde 1661 vom Sturm heruntergeworfen, danach der heutige provisorische Abschluss. Im 18. Jahrhundert teilweise Vermauerung von Fenstern und Portalen. In den 60er Jahren des 19. Jahrhunderts Bau eines Dachreiters über dem östlichen Ende des Langhausdaches.

In der Nacht vom 14. auf den 15. April 1945 schwere Bombenschäden. 1960 Sprengung von Chor und Langhaus, Verarbeitung des Baumaterials zu Schotter.

Literatur

Böker, Hans Josef: Die mittelalterliche Backsteinarchitektur Norddeutschlands, Darmstadt 1988
Crain, Carl Ferdinand: Wismar. Die Hauptkirchen, in: Mecklenburg in Bildern, hg. v. G.C.F. Lisch, Rostock 1842–45, S. 25–32
Crain, Carl Ferdinand: Die Bedeutung des diesjährigen (1853) Lätare-Sonntags, Wismar 1853
Crull, Friedrich: Handschriftliche Aufzeichnungen zur Kirche St. Marien in Wismar, Archiv der Hansestadt Wismar, Abt. VIII, Repos. 4
Dehio, Georg: Handbuch der Deutschen Kunstdenkmäler – Mecklenburg-Vorpommern, München-Berlin 2000
Ellger, Dietrich: St. Marien zu Lübeck, Neumünster in Holstein 1951
Grewolls, Antje und Ludwig, Steve: Die Bauorganisation an den Wismarer Pfarrkirchen im Mittelalter, in: Wismarer Beiträge 12, 1996, S. 21–32
Hamann, Gustav: Wismar und seine Bauten, in: Mecklenburg 6, 1911, S. 36–49
Huyer, Michael: Zur Baugeschichte von St. Nikolai, in: Wenn Räume singen – St. Nikolai in Stralsund, Stralsund 2001, S. 75–83
Kiesow, Gottfried: Wege zur Backsteinbaukunst, CD-ROM, Bonn 2001
Kiesow, Gottfried: Kulturgeschichte sehen lernen, Band 2, Bonn 2001
Lorenz, A. F.: Die Kapelle Marien zur Weiden, in: Mecklenburg 28, 1933, S. 38–41
Ludwig, Steve: St. Georgen zu Wismar, Kiel 1998
St. Marien Wismar, Kunstführer, Kiel 1996
Schlie, Friedrich: Die Kunst- und Geschichtsdenkmäler des Großherzogthums Mecklenburg-Schwerin, II. Band, Schwerin 1898, Neudruck Zwickau 1992
Techen, Friedrich: Die Geschichte der Seestadt Wismar, Wismar 1929

Anmerkungen

1 Ludwig, Steve: St. Georgen zu Wismar, Kiel 1998, S. 29, Abb. 29
2 Ellger, Dietrich: St. Marien zu Lübeck, Neumünster in Holstein 1951
3 Techen, Friedrich: Die Geschichte der Seestadt Wismar, Wismar 1929, S. 114
4 Ludwig 1998, S. 27
5 Ellger 1951, S. 34
6 Schlie, Friedrich, in: Die Kunst- und Geschichts-Denkmäler des Großherzogthums Mecklenburg-Schwerin, II. Band, Schwerin 1898, S. 34
7 Schlie 1898, S. 34
8 Schlie 1898, S. 34
9 Schlie 1898, S. 35
10 Schlie 1898, S. 35
11 Schlie 1898, S. 35, Anmerkung 2
12 Crain, C.: Die Bedeutung des diesjährigen (1853) Lätare-Sonntags. Wismar 1853
13 Crull, Friedrich: Handschriftliche Aufzeichnungen zur Kirche St. Marien in Wismar, Archiv der Hansestadt Wismar, Abt. VIII, Repos. 4
14 Schlie 1898, S. 34
15 Kiesow, Gottfried: Kulturgeschichte sehen lernen, Band 2, Bonn 2001, S. 45–49
16 Huyer, Michael: Zur Baugeschichte von St. Nikolai, in: Wenn Räume singen – St. Nikolai in Stralsund, Stralsund 2001, S. 75–83
17 Dehio, Georg: Handbuch der Deutschen Kunstdenkmäler – Mecklenburg-Vorpommern, München-Berlin 2000, S. 527
18 Böker, Hans Josef: Die Mittelalterliche Backsteinarchitektur Norddeutschlands, Darmstadt 1988, S. 144
19 Kiesow 2001, Bd. 2, S. 45
20 Ludwig 1998, S. 37–38
21 Ludwig 1998, S. 48–52
22 Ludwig 1998, S. 37
23 Kiesow 2001, Bd. 2, S. 45–49
24 Schlie 1898, S. 29, Fußnote 1
25 Schlie 1898, S. 36
26 Schlie 1898, S. 32

Gottfried Kiesow

Von Zirkelschlag und Mörtelkelle

Eine Kirchenbaustelle im Mittelalter

Baustelle

So kann man sich den Blick des mittelalterlichen Handwerkers aus luftiger Höhe der halbfertigen Marienkirche vorstellen, wenn er die Steckgerüste entlanggeht. Von Arbeitsschutzvorschriften, wie wir sie heute kennen, war die mittelalterliche Baustelle weit entfernt, auch von den meisten anderen technischen Voraussetzungen.

Die Marienkirche in Wismar erreicht im Scheitelpunkt der Mittelschiffsgewölbe eine Höhe von 32,5 Metern, im First des Langhausdaches 43 Meter und im Turm 82 Meter. Das entspricht heute einem Hochhaus von 11 beziehungsweise 14 oder 27 Geschossen mit einer Geschosshöhe von 3 Metern. Welche großartige technische Leistung, wenn man bedenkt, mit wie primitiven Mitteln sie erreicht worden ist! Denn es gab keine Bagger zum Ausheben der Baugruben und keinen Beton für die Fundamente. Für die Mauern und Gewölbe gab es keine statische Berechnung, die erst seit dem 19. Jahrhundert bekannt ist und heute weitgehend von speziellen Computerprogrammen erledigt wird. Man besaß auch keine perfekten Stahlrohrgerüste, keine elektrischen Lastenaufzüge, keine maschinellen Mörtelmischer. Kein Zulieferer brachte das Baumaterial – wie heute den fertigen Beton, die maschinell produzierten Steine, die Balken aus der motorgetriebenen Gattersäge des Sägewerks.

Das Bauholz musste mühsam mit der Axt aus dem gewachsenen Querschnitt in einen quadratischen gebeilt und mit der Schrotsäge auf die richtige Länge zugeschnitten werden. Die Steckgerüste erreichte man über Leitern und Rampen, mit der Last von Mörtelbottichen oder Steinen beladen. Viele hunderttausende Backsteine und Dachziegel mussten mit der Hand gefertigt werden, indem Lehm in Formkästen gestrichen wurde. Zeitaufwendig schlug man die Lehrgerüste für die Rippen auf, wölbte dann freihändig die einzelnen Kappen. Die Maler tünchten mit der Quaste das Mauerwerk, bemalten es ebenfalls freihändig mit figürlichen Szenen oder Ornamenten. Für die Fenster aus Butzenscheiben oder Rauten pressten die Glasbläser ihren Atem in die Flöte, um Kugeln oder Zylinder zu blasen, die aufgeschnitten und noch in heißem Zustand flachgelegt wurden, um ein einigermaßen ebenes Glas zu erhalten.

Eines aber hatte man: Zeit – und die nahm man sich, man brauchte für den Bau der Marienkirche in Wismar mehr als 100 Jahre. Dafür war aber auch die Haltbarkeit weitaus größer, denn sie überstand – wenn auch mit schweren Schäden – die Luftminen von 1945, nur die systematische Sprengung von 1960 nicht. Ein einzelnes, von einem Terroristen gesteuertes Flugzeug hätte sie nicht total zum Einsturz gebracht, wie bei dem furchtbaren Attentat in New York jene kühnen Stahlskelett-Türme, die uns die Verletzbarkeit unserer gegenwärtigen Baukunst demonstrierten.

Der folgende Beitrag schildert die auf einfacher Mechanik und Trigonometrie beruhende Technik, mit der die Baumeister und Handwerker des Mittelalters ihre Kathedralen schufen. Der 3-D-Film zur Ausstellung läßt den Zuschauer diese Prozesse virtuell am Beispiel der Marienkirche miterleben.

Planieren des Bauplatzes der Hallenkirche

Für diesen ersten Bau auf jungfräulichem Boden musste man zunächst das Gelände einebnen. Das geschah mit Schaufel und Karren, zum Planieren der Fläche wohl auch schon mit hölzernen Walzen aus runden, mit der Axt bearbeiteten Baumstämmen.

Festlegen der Ost-West-Achse der Hallenkirche

Zunächst bestimmte man auf der eingeebneten Fläche die Mittelachse der Kirche. Nach mittelalterlichem Brauch muss sie genau nach Osten ausgerichtet sein. Man schlug im Westen einen Pfosten in den Boden, an dem ein langes Seil befestigt war (Abb. 1), wartete dann den Sonnenaufgang wahrscheinlich am 8. September ab, richtete das andere Ende der Leine genau auf jenen Punkt aus, an dem die Sonne über dem Horizont erschien und schlug den zweiten Pfosten mit dem daran befestigten Seilende ein. Der 8. September wurde deshalb gewählt, weil dieser Tag als Geburtstag der Patronin der Kirche, der Jungfrau Maria, überliefert ist.

Abb. 1: Mit Hilfe einer Messschnur vermisst ein mittelalterlicher Werkmeister eine idealtypische Stadt; die übermannshohe Messlatte hält er an das Stadttor. Umzeichnung einer Wandmalerei zum Bibeltext des Propheten Ezechiel (Kap. 40, Vers 3/5, Kap. 42, Vers 15). Bonn-Schwarzrheindorf, Pfarrkirche St. Klemens, um 1151/56

Der Bau des basilikalen Chores

Der Ausstellungsfilm zum Bau der Marienkirche setzt in der Zeit um 1320 ein, als man den Chor der älteren Hallenkirche abgebrochen und das Hallenlanghaus mit einer provisorischen Wand zur vorläufig weiteren Benutzung abgeschlossen hatte. Nach der sorgfältigen Planierung des Baugrundes legte man die Ost-West-Achse fest.

Für die liturgisch vorgeschriebene Ausrichtung des Chores nach Osten konnte man einfach die Ostachse des Hallenlang-

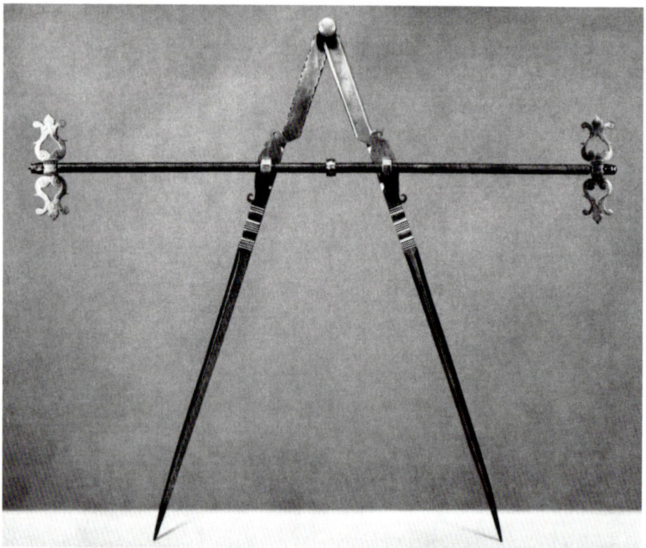

Abb. 2: Stechzirkel waren ab der Mitte des 13. Jahrhunderts in Gebrauch. Der hier gezeigte neuzeitliche Steinmetzzirkel aus dem Germanischen Nationalmuseum Nürnberg entstand um 1600 und besitzt sogar eine Feststellschraube.

hauses verlängern. Dafür spricht, dass im Grundriss auch kein Achsenknick[1] zu beobachten ist. Wollte man aber die Ausrichtung nach Osten überprüfen, verfuhr man prinzipiell wie beim ursprünglichen Bau I. Doch waren inzwischen rings um die Kirche Bürgerhäuser entstanden, die den Blick auf die Horizontlinie versperrten. Deshalb musste man einen Mann auf dem Dachfirst der Hallenkirche postieren, der beim Aufgang der Sonne seinen Kollegen auf der Erde durch Zurufe an den Punkt dirigieren musste, an dem er den zweiten Pflock der Messleine einschlagen sollte.

Abb. 3: Mit dem Zirkel in der Hand stellt sich der Dombaumeister Anton Pilgram im Selbstportrait von 1512 an der Kanzeltreppe im Wiener Stephansdom selbstbewusst dar. Dagegen blieben die mittelalterlichen Baumeister in der Regel unbekannt.

Der Schnurzirkel, aber auch der einfache Stechzirkel aus Holz oder Metall, später sogar mit Feststellschraube (Abb. 2), waren die wichtigsten Handwerkszeuge des Baumeisters und darum auch dessen Standeszeichen (Abb. 3). Welche Bedeutung man dem Zirkel zumaß, erkennt man an der Vorstellung, dass Gottvater ihn bei der Erschaffung der Welt benutzte (Abb. 6, Seite 74).

Nachdem so die Längsachse festgelegt war, konnte man mit dem Schnurzirkel den komplizierten Grundriss entwerfen: Ein aus fünf Seiten eines Achtecks bestehendes Chorhaupt, einen sich darum legenden Umgang und fünf daran liegende, jeweils über einem Sechseck konstruierte Kapellen. Dafür waren prag-

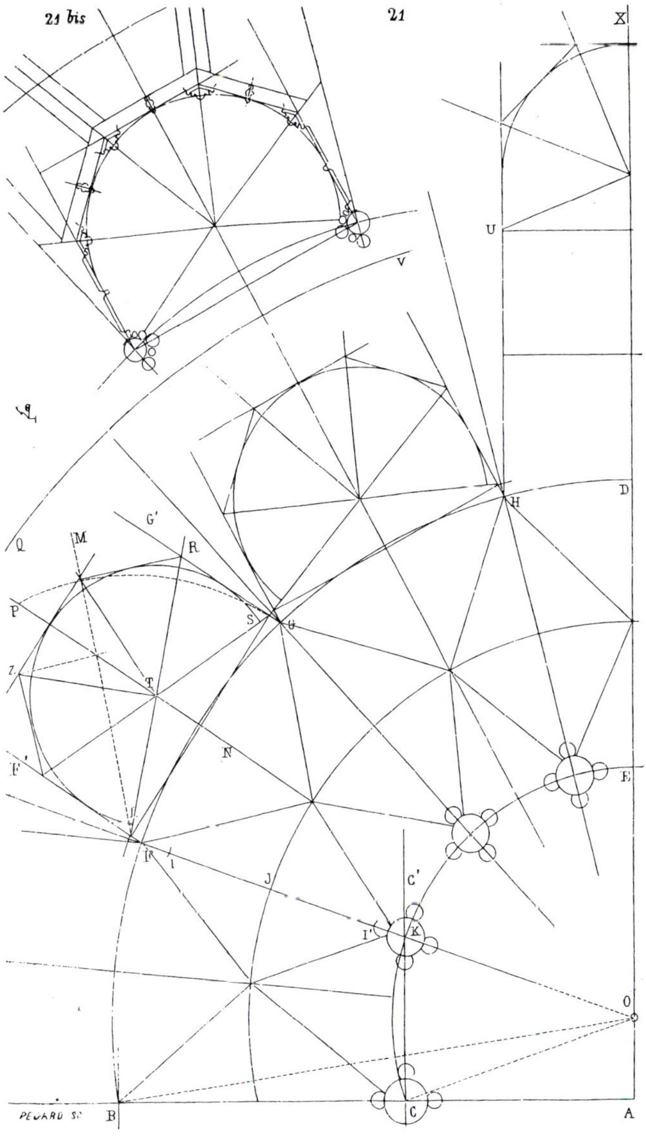

Abb. 4: Die Planungsmethode der mittelalterlichen Werkmeister, das Entwerfen nur mit Lineal und Zirkel, benutzte der berühmteste französische Denkmalpfleger des 19. Jahrhunderts, Viollet-le-Duc, bei seiner geometrischen Zeichnung des halbierten Chorgrundrisses der Kathedrale von Amiens, die aus lauter Kreisformen aufgebaut ist.

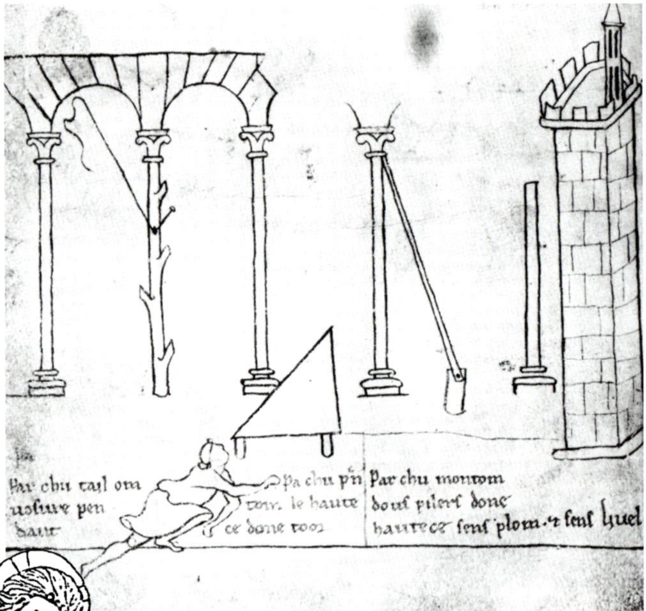

Abb. 5: Im ältesten erhaltenen mittelalterlichen Musterbuch, dem sogenannten Bauhüttenbuch des Villard de Honnecourt, um 1220/30, wird erklärt, wie man die Gesetze des Dreiecks zum Vermessen benutzt. Die Figur visiert über die Schräge die Turmspitze an.

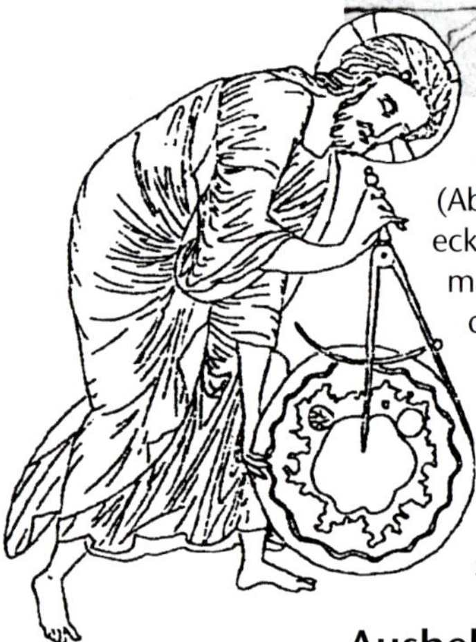

Abb. 6: Gottvater konstruiert die Welt mit einem Stechzirkel. Umzeichnung einer Buchmalerei, zweites Viertel des 13. Jahrhunderts.

matische Kenntnisse der Trigonometrie erforderlich (Abb. 4), so das Wissen, dass man ein regelmäßiges Sechseck erhält, wenn man mit dem Radius eines Kreises sechsmal den Kreisumfang teilt. Auch die Höhenmaße wurden durch das als Triangulation bezeichnete Verwenden von gleichseitigen oder gleichschenkligen Dreiecken bestimmt. Durch das Visieren über die Kante eines Dreiecks (Abb. 5) peilte man die wichtigsten Punkte auf der Baustelle an und markierte sie an den Gerüsten. Der Grundriss wurde mit Ritzlinien in dem festgestampften und geglätteten Boden markiert.

Ausheben der Fundamentgräben

Beiderseits der Ritzlinien hoben die Arbeiter mit Schaufeln die Gräben für die Fundamente in deren vorgesehener Breite aus. Sie sind breiter als die aufgehenden Mauern, die sich wiederum nach der geplanten Höhe der Kirche richteten. Man bestimmte die Breite der Fundamente und der etwas schmaleren aufgehenden Mauern aus der Erfahrung vergangener Generationen heraus, wie sie dem angehenden Baumeister bei seiner Wanderung durch die Bauhütten Frankreichs und Deutschlands vermittelt worden waren.

Gründung mit Pfählen oder Balkenrost

Bei einem nicht tragfähigen Baugrund wurden zunächst bis zu 3 m lange hölzerne, unten angespitzte Pfähle eingerammt. Dafür verwandte man ein einfaches Gestell aus drei Streben, an dessen Spitze ein Seil durch eine Rolle lief. Ein am unteren Ende angeknoteter schwerer Findling konnte so hochgezogen und beim Niederfallen als Ramme verwendet werden (Abb. 7).

Allein schon durch die Volumenverdrängung der häufig sehr dicht nebeneinander eingerammten Pfähle wurde der Sumpf- oder Sandboden so verdichtet, dass er in der Lage war, die Last einer gewölbten Kirche ohne gravierende oder ungleichmäßige Setzungserscheinungen aufzunehmen. Neben den häufigen Pfahlgründungen sind auch schon Holzroste aus horizontal nebeneinander gelegten Balken beziehungsweise grob behauenen Baumstämmen festgestellt worden, so bei der romanischen Burg in Romrod (Hessen) aus der Zeit um 1180. Ob die Marienkirche in Wismar eine Pfahlgründung besaß, konnte noch nicht ermittelt werden, wird aber vielleicht im Zuge der weiteren Ausgrabungen festgestellt. Bekannt ist zum Beispiel, dass die Jacobikirche in Stralsund eine Pfahlgründung hat.

Abb. 7: Der Kupferstich von 1548 aus „Vitruvius Teutsch" illustriert die Beschreibung einer Fallmechanikkonstruktion, mit der man Holzpfähle zur Verdichtung des Baugrunds in den Boden rammte.

Feldsteine als Fundament und eventuell auch als Verkleidung des Sockels

In die ausgehobenen Fundamentgräben wurden als unterste Schicht große Feldsteine gelegt. Der Granit läßt als ein sehr dichtes, hartes Gestein kaum Feuchtigkeit durch und verhindert, dass allzu viel Bodenfeuchtigkeit in das aufgehende Mauerwerk aus Backstein aufsteigen kann. Bei vielen Backsteinkirchen hat man auch das über dem Erdbogen liegende Sockelmauerwerk aus Granit angefertigt, dafür die runden Findlinge gespalten und zu Quadern geglättet. Bei der Härte des Gesteins und der Primitivität der verfügbaren Geräte war dies eine sehr schwere und zeitraubende Arbeit. Das Fundament aus Feldsteinen ist in seiner untersten Schicht breiter als das aufgehende Mauerwerk, um den Druck der auf ihm lastenden Baumassen besser auf das Erdreich zu verteilen und punktuell unterschiedliche Setzungsbewegungen zu verhindern. Ein solches Verfahren, ebenso wie die Pfahlgründung, befürwortete schon der römische Architekt Vitruv in seinen zwischen den Jahren 14 und 22 nach Chr. verfassten zehn Büchern über Architektur (De architectura).

Herstellung des Baumaterials

Noch vor dem Beginn der Bauarbeiten an der Marienkirche mussten die Backsteine hergestellt werden.[2] Eine Ziegelei hatte man in Wismar bald nach der Gründung der Stadt angelegt, um als erstes die Nikolaikirche bauen zu können. Die Bürgerhäuser bestanden zu jener Zeit noch aus hölzernem Fachwerk, die Stadtbefestigung aus hölzernen Planken auf Erdwällen. Erst in der Zeit um 1300 wurden die Stadtmauer und die Tortürme aus Backsteinen errichtet und auch die Wohnhäuser nach und nach in dem neuen, feuerfesten Baumaterial erbaut.

Lehm gibt es nahezu in jeder Feldmark. Allerdings ist die Qualität verschieden, denn es kommt sehr auf die geeignete Mischung von Ton und Sand an. Ist der Anteil an Ton zu gering, der Lehm also zu mager, sind die Backsteine zu weich und verwittern schnell. Bei einem zu hohen Tonanteil besteht die Gefahr, dass die Backsteine beim Brennen reißen, zumal die primitiven Öfen noch keine gleichmäßige Brenntemperatur erzeugen konnten.

Dort, wo man den besten Lehm fand, baute man ihn ab und verarbeitete ihn auch gleich zu Backsteinen. Zunächst wurde er eingesumpft, das heißt, mit untergemischtem Wasser zu einem Brei verarbeitet, damit alle Verunreinigungen sich auf dem Grund absetzen konnten. Dann bereitete man für die „Grünlinge" unten und oben offene Holzrahmen vor, die auf ein Grundbrett gestellt und mit trockenem Sand gegen das Ankleben des Lehmes eingepudert wurden. In diese Form wurde ein Lehmklumpen gleichmäßig hineingedrückt und an der Oberfläche mit einem Holzscheit glattgestrichen. Man spricht deshalb auch heute noch von Handstrichsteinen. Die Masse der Grünlinge waren einfache Quader (Abb. 8). Da der Streichrahmen eine Länge von einem, eine Breite von einem halben und eine Höhe von einem drittel Fuß (in Wismar 29,1 cm) besaß und der Grünling beim Trocknen, der Rohling nochmals beim Brennen schrumpfte, liegen die Maße der Backsteine in Wismar bei etwa 28,0 cm Länge, 13,5 cm Breite und 8,5–9,0 cm Höhe. Für besondere, reichprofilierte Architekturglieder gab es Formsteine in vielen Variationen (Abb. 9). Für ihre Herstellung nagelte man entsprechende Holzprofile in der Negativform in den Rechteckrahmen, so dass sich der gewünschte Formstein

Abb. 8 und 9: Streichrahmen für einen gewöhnlichen Backsteinquader (oben). Die so entstandenen gleich großen „Grünlinge" mussten vor dem Brennvorgang mehrere Wochen trocknen.

Mit Hilfe unterschiedlich geformter Holzprofile entstanden Formsteine für besondere Architekturglieder (unten).

als Positivform ergab. Nach dem Hochheben des Holzrahmens blieben die Grünlinge auf der Grundplatte liegen und wurden zum mehrwöchigen Trocknen auf Holzgestelle geschichtet, die in überdachten Ziegelscheunen gegen Regen geschützt waren.

Die Herstellung von Handstrichsteinen aus Lehm können die Besucher auf dem Ausstellungsgelände westlich des Turmes der Marienkirche in der Ziegelscheune direkt erleben. Aus dem Grünling wurde nach dem Trockenprozess der Rohling, den man auch als Lehmziegel bezeichnen kann. In heißen, trockenen Regionen wie Nordafrika baute man schon vor mehreren tausend Jahren mit Lehmziegeln, die sich aber im Regen und Wind nordischer Länder schnell auflösen würden. Deshalb wurden bei uns die Rohlinge zu Backsteinen gebrannt. Am Anfang geschah dies in offenen Feldbrandöfen. Rund um einen Hohlraum für das Feuer setzte man die Rohlinge so auf Lücke, dass die glühend heiße Luft sie umströmen konnte. Das Holzfeuer im Mittelraum brannte mehrere Tage, bis die Backsteine die gewünschte Festigkeit erreicht hatten. Die äußeren waren aber meist an ihren Außenseiten nicht richtig durchgebrannt, weil die Hitze leicht entweichen konnte. Deshalb hat man vom 14. Jahrhundert an gemauerte Öfen für das Brennen der Backsteine entwickelt.

Zur Verschönerung glasierte man schon in der Zeit um 1260 beim Bau der Hallenkirche von St. Marien einzelne Steine. Der schon einmal gebrannte Backstein wurde an den auf Sicht berechneten Schauseiten mit einer Schlämme aus metallhaltigen Erden und Salz eingestrichen und dann nochmals kurz, aber bei hoher Temperatur gebrannt. Am Anfang bevorzugte man schwarze Glasuren im Wechsel mit naturroten, unglasierten Backsteinen, später auch grüne, gelbe und rote Glasuren.

Abb. 10: Durch den Luftdruck der Bomben wurde die äußere, aus sorgfältig gebrannten Ziegeln aufgemauerte Wand an St. Marien abgesprengt. So ist auf der historischen Aufnahme von 1960 der Kern des Mauerwerks sichtbar, das bei dieser Kirche ausnahmsweise durchgängig aus Backstein besteht.

Beim Bau der Kathedralen aus Naturstein konnten Steinmetze figürliche oder ornamentale Schmuckformen aus dem Werkstein herausmeißeln. Da es im niederdeutschen Küstengebiet keine Steinbrüche für Sand- oder Kalkstein gibt, fertigte man die Zierformen aus reinem Ton an und brannte sie zu Terrakotten, die vielfach auch glasiert wurden.

Mit Pferde- oder Ochsenkarren brachte man das Backsteinmaterial zur Baustelle und schichtete es so sorgfältig auf, dass es nicht beschädigt wurde und rasch gegriffen werden konnte. Durch die Nähe zur Ostsee und den billigen Transport auf Schiffen war es in den wohlhabenden Küstenstädten möglich, für bestimmte Zwecke Kalksteine aus Schweden heranzuschaffen. Sie wurden gerne an Gebäudekanten vermauert, insbesondere bei Türmen, die stark der Witterung ausgesetzt sind, so auch bei der Marienkirche in Wismar. Da die Steine als Ballast im Kiel der Segelschiffe verstaut wurden, um bei Fahrt ohne Ladung für eine stabile Lage zu sorgen, heißen sie noch heute Laststeine.

Abb 11: Auch Mönche mussten schwere Maurerarbeiten verrichten: Der Mönch auf dem Gerüst hantiert mit Richtscheit und Lot. Ein zweiter Mönch rührt Mörtel an. Buchillustration, Basel, 1496

Das Errichten der Mauern

Auf das bereits beschriebene Fundament legte man die Backsteine in sorgfältig horizontal ausgerichteten Schichten auf gleichmäßige Mörtelfugen. Der Mörtel wurde aus Muschelkalk und Sand gemischt und mit Wasser angerührt. Schon seit der Römerzeit ist der überwiegende Teil historischen Mauerwerks als Schalenmauerwerk ausgebildet. Dabei wurde eine äußere und eine innere Schale sehr exakt aus Backsteinen aufgeführt und in den Zwischenraum Füllmauerwerk aus Gesteinsbrocken und Fehlbränden in reichlichem Mörtelbett eingefügt. Um zwischen den Mauerschalen und der Füllung eine möglichst innige Verbindung zu schaffen, wurden in regelmäßigen Abständen Backsteine mit der Längsseite nach innen ausgerichtet verlegt. Man nennt sie Binder, weil sie in das Füllmauerwerk einbinden, die anderen Läufer, weil ihre Längsseite parallel zur Außenfläche der Mauern verläuft. Beim sogenannten wendischen Verband gibt es einen gleichmäßigen Wechsel von einem Läufer mit einem Binder, beim sogenannten gotischen von je zwei Läufern mit einem Binder. Die anderen verwandten Mauerwerksverbände wie Block-, Kreuz-, Läufer- oder Binderverband kommen erst nach dem Ende des Mittelalters in Gebrauch.

Die Mauern der Marienkirche in Wismar bestanden nicht aus Schalenmauerwerk, sondern waren durchgängig aus ganzen Backsteinen gemauert (Abb. 10). Diese besonders solide Technik kommt selten vor. Vielleicht erklärt sich ihr Vorkommen hier aus dem Bauvorgang, bei dem man parallel zum vorsichtigen Abtragen der alten Außenmauern die neuen, nach innen versetzten aufmauerte, damit man viele alte Backsteine wieder verwenden konnte und weniger neue brennen musste.

Um die Backsteinschichten exakt horizontal auszurichten, legte man auf die Mauerkrone ein hölzernes gleichseitiges oder gleichschenkliges Dreieck, das Richtscheit (Abb. 11), an dessen oberer Spitze ein Lot angebracht war. Dessen Schnur musste eine mittlere Kerbe in der Basis treffen, wenn man die Horizontale erreichen wollte. Es kommen bei der Marienkirche in Wismar ziemlich genau zehn Backsteinschichten auf einen Meter Mauerwerk. Die Differenz zur Höhe von zehn Backsteinen, etwa 85–90 cm, ergibt die Höhe der Mörtelfugen.

Gerüste, Leitern, schiefe Ebenen, Treppentürme

Soweit wie die Arme des Maurers reichten, wurde vom Boden aus gearbeitet. Weiter höher verwandte man Steckgerüste, bei denen quadratisch zugehauene Balken horizontal so in ausgesparte Löcher geschoben wurden (Abb. 12), dass man auf sie die Bohlen einer Rüstungsebene legen und von da aus die nächsten 12–15 Backsteinschichten vermauern konnte. Dann steckte man die Balken der nächsten Ebene in die Löcher ein und hangelte sich auf diese Weise immer weiter nach oben.[3]

Die nicht mehr benötigten unteren Gerüstebenen wurden von den oberen aus abgebaut, indem man die Laufbohlen entfernte und die Tragbalken aus den Löchern herauszog. Letztere konnte man nun nicht mehr verschließen, weshalb man fast überall bei den mittelalterlichen Backsteinbauten die offenen Gerüstlöcher sehen kann.[4] Der große Vorteil der Steckgerüste war der geringe Verbrauch des kostbaren Holzes. Holzknappheit wurde zum Ende des Mittelalters immer mehr zum Problem, einer der Gründe, warum auch in Ländern ohne Religionskriege der Bau der Kathedralen am Anfang des 16. Jahrhunderts zum Erliegen kam. Denn man brauchte

Abb. 12: Viollet-le-Duc zeichnete im 19. Jahrhundert mittelalterliche Baugerüste: zwei Steckgerüste und eine Balkenverbindung. Beim Steckgerüst bieten Kopf- und Fußstreben sowie Balkenkreuze die nötige Stabilität.

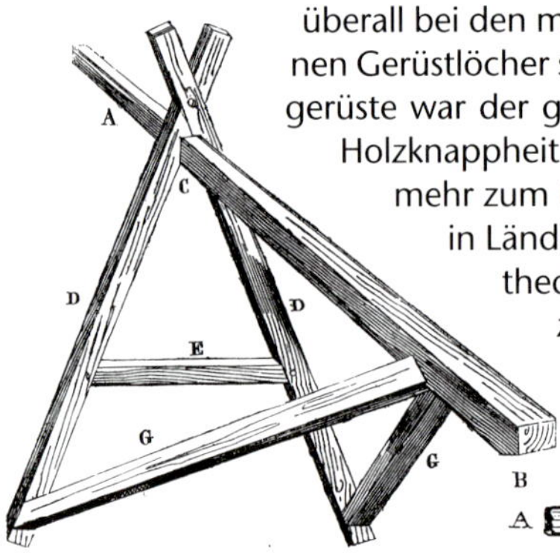

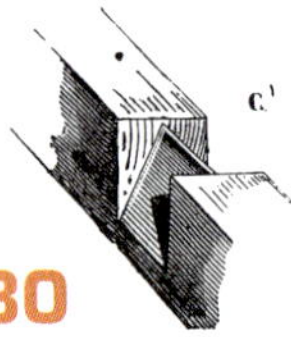

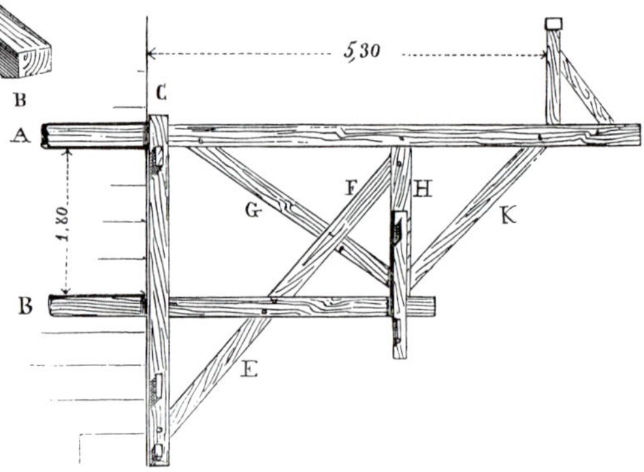

Abb. 13: Mittelalterliche Darstellungen zum Turmbau zu Babel sind für Bauhistoriker von besonderem Interesse, weil man auf ihnen detailliert die vielfältigen Tätigkeiten auf einer mittelalterlichen Baustelle erkennen kann. Weltchronik des Rudolf von Ems, Buchmalerei, 1383

gewaltige Mengen Holz zum Brennen der Backsteine und des Kalks, für die Gerüste und mächtigen Dachstühle, zur Herstellung des Fensterglases, der Bleidächer und aller Eisenteile. So waren die Wälder bald soweit abgeholzt, dass man zu drastischen Sparmaßnahmen gezwungen war.

Für den Bau freistehender Pfeiler und schlanker Seitentürme wie auch der Fialen rüstete man ringsherum vom Boden aus hoch (Abb. 13). Für den Aufstieg der Maurer wie auch zum Transport kleinerer Mengen von Backsteinen und Mörtel verwendete man in den unteren Bereichen Leitern oder schiefe Ebenen. In die oberen Bereiche gelangte man über gleichzeitig mit den Mauern hochgezogene Wendeltreppen. Für größere Lasten standen Laufkräne zur Verfügung. Auf dem Ausstellungsgelände an der Nordwestecke des Turmes findet der Besucher die Nachbildung eines Laufkranes nach dem Original auf dem Dachboden der Nikolaikirche. Man kannte ebenerdig aufgestellte Laufkräne (Abb. 14) mit einem großen, schwenkbaren Kragarm, über dessen Rolle ein Seil zu einer oben am Gerüst angebrachten zweiten Rolle lief. Sie fanden Verwendung, solange der Bau noch nicht so weit hochgezogen worden war, dass man mit der Länge der Seile und dem zu starken Schwingen der Last Probleme bekam. Dann baute man die Kräne auf den Mauerkronen oder den Stümpfen der Treppentürme (Abb. 15) auf, zog damit auch die Balken für den Dachstuhl nach oben. Nach der Fertigstellung des Dachstuhls brachte man den Tretkran in den Dachraum, um den Aufzug des Baumaterials für das Wölben zu ermöglichen. Dort blieb er – wie bei der Nikolaikirche in Wismar – häufig erhalten, weil man ihn später für Reparaturarbeiten benutzen wollte. Auch verwendete man die riesigen Kir-

Abb. 14: Zu den besonders schweißtreibenden Arbeiten auf der mittelalterlichen Baustelle gehörte das Laufen in der Trettrommel eines Laufrades, wodurch man das Baumaterial über einen Galgenkran nach oben beförderte. Zwei Arbeiter schleppen Steine auf einer hölzernen Tragbahre. Der Handlanger auf der Leiter mit dem geschulterten Bottich stellt einem Maurer den Mörtel bereit. Turmbau zu Babel, Buchmalerei aus dem 14. Jahrhundert.

Abb. 15: *Die Laufräder konnten auch in luftiger Höhe zum Einsatz kommen. Hier treiben gleich zwei Arbeiter das Rad an. Die Kransäule ist dreh- und schwenkbar gelagert. Turmbau zu Babel, Weltchronik, des Rudolf von Ems, Buchmalerei, 1383*

chenböden häufig zur Lagerung von Getreide, um bei einer Missernte eine Hungersnot vermeiden zu können. Zum Hochziehen der Getreidesäcke wurde dann ein Kragbalken aus einer Luke im Turm oder einem Giebel gesteckt, über dessen Rolle ein Seil zum Laufrad führte.

Außer den Laufradkränen gab es auch einfache Winden für leichtere Lasten oder geringere Höhen, die wie ein Ankerspill bei Schiffen durch das Drehen an den Speichen einer hölzernen Welle – über die das Seil lief – bedient wurden (Abb. 16). Man benutzte in der Spätgotik auch schon den Flaschenzug, den bereits der römische Architekt Vitruv[5] beschreibt.

Der Neubau des Langhauses

Der Bauvorgang lief beim neuen Langhaus wie folgt ab: Man brach als erstes die Gewölbe der alten Hallenkirche heraus, dann trug man deren großen, alle drei Schiffe überdeckenden Dachstuhl ab, schließlich die Pfeiler und Arkaden des Mittelschiffes. Für die mehr als doppelt so hoch geplanten Mittelschiffwände der Basilika musste man die Pfeiler neu und tiefer gründen. Im Mittelalter war man darauf bedacht, soviel alte Bausubstanz wie möglich in einen Neubau einzubeziehen, denn Abbruch und Neubau war damals noch kostspieliger als heute beim Einsatz von Maschinen. Da die drei Schiffe der Basilika schmaler als die der vorherigen Hallenkirche waren, konnte man die äußeren Seitenschiffwände der Hallenkirche zunächst als Auflager für die Kräne benutzen, dann nach und nach vorsichtig abtragen und das alte Backsteinmaterial ohne umständliche

Abb. 16: Die einfachste Möglichkeit zum Anheben der Steine stellte die aufgebockte Winde mit Handkurbel dar, die ein Arbeiter antreibt. Ein zweiter Arbeiter hält einen Quader, den ein zangenartiger Greifarm aufnimmt. Spiezer Bilderchronik, Diebold Schilling, kolorierte Federzeichnung, 1484

Zwischenlagerung gleich wieder vermauern. Für den Bau der neuen, hohen Langhauspfeiler verwendete man keine Steckgerüste, sondern rüstete vom Fußboden der Hallenkirche aus hoch, der eine ideale Standfläche bildete.

Der Neubau der Langhausdächer

Nach Vollendung der neuen Seitenschiffwände und der mehr als doppelt so hohen Mittelschiffwände wurden neue Dachstühle gezimmert, über den Seitenschiffen je ein Pultdach, über dem Mittelschiff ein Satteldach. Man legte einen ebenen Platz an, auf dem die erforderlichen Hölzer bearbeitet werden konnten, den sogenannten Abbundplatz. Die runden aus dem Wald herbeigeschafften Baumstämme wurden als erstes mit der Breitaxt zu Balken mit einem quadratischen oder gelegentlich auch rechteckigen Querschnitt zugehauen (Abb. 17), dann in die richtige Länge gebracht und mit Zapfen an den Enden und Zapfenlöchern überall da versehen, wo ein Balken eingezapft werden sollte. Dann wurden die Hölzer so zusammengelegt, wie sie später verzimmert werden sollten. Man nennt den ganzen Arbeitsgang den Abbund. Er ist sehr sinnvoll, denn auf dem Erdboden ist es leichter, die Hölzer exakt in die gewünschte Form zu bringen oder auch Korrekturen vorzunehmen, als in luftiger Höhe auf den Mauerkronen. Nun konnte man die Balken mit dem Kran hochziehen, den Dachstuhl mit seinen Sparren zusammensetzen und mit Holznägeln sichern, die Lattung auf die Sparren nageln und die Dachhaut aufbringen. Sie wird wohl aus Tonziegeln in der Mönch-Nonne-Deckung erfolgt sein, wie sie noch bis zur Bombardierung 1945 existierte. Sehr reiche Bauherren verwendeten auch gewalztes Blei als Dachdeckung, am Ende des Mittelalters auch Kupferblech.

Abb. 17: Neben dem Holzskelett eines Fachwerkbaus bearbeitet ein Brettschneider einen aufgebockten Baumstamm, während zwei Zimmerleute mit einer Schnur die Balken vermessen. Mit dem Floß kommen weitere Stämme auf dem Wasserweg an. Holzschnitt aus „Perspectiva" von Hieronimus Rodler, 1546

Abb. 18: Das Standbild aus dem Film zeigt das Mittelschiff mit hölzernen Leergerüsten, die als Verschalung zum Aufmauern der Gewölberippen eingezogen sind.

Die Wölbung der Kirche

Abb. 19: Im Jahre 2001 wurden in St. Georgen die Gewölbe wieder geschlossen. Hier entsteht gerade eine Kappe, deren Rundung ohne Schalung gewölbt wird.

Unter dem Schutz der neuen Dächer, deren Ankerbalken die obere Gerüstlage und die Aufzugsvorrichtungen aufnehmen konnten, wurden die Seitenschiffe und das Mittelschiff gewölbt. Für das Einwölben der einzelnen Joche baute man als erstes eine Gerüstebene ein und errichtete über den Kapitellen der Gewölbedienste hölzerne Lehrgerüste (Romanten) für die Rippen (Abb. 18 und 20). Auf diesen wurden dann mit Formsteinen die Rippen gemauert und im Schlussstein kraftschlüssig zusammengeführt. Nun wölbte man ohne Schalung freihändig die je vier Kappen der Joche (Abb. 19). Diese sind in sich kuppelartig gewölbt, man spricht – nach dem Vorbild der weiblichen Brust – von gebusten Kappen. Die Backsteine wurden im Fischgrätenverband mit einem gut abbindenden Mörtel so gemauert, dass die Steinschichten sich solange gegenseitig als Bögen abstützen, bis das ganze Gewölbe kraftschlüssig vollendet war. Während der Ausstellung kann man diesen spannenden Vorgang beim Wiederaufbau der Georgenkirche erleben.

Abb. 20: Ein Beispiel aus der Gegenwart: Das Lehrgerüst für die Erneuerung der Gewölbe in St. Georgen in Wismar folgt dem gleichen Prinzip, wie es mittelalterliche Handwerker benutzten.

Ausmalung, Weihe und Inneneinrichtung

Nach Vollendung des Rohbaus wurden die Glasfenster eingesetzt, die zum Teil farbig und mit figürlichen Darstellungen aus der Bibel versehen waren. Vor der Kriegszerstörung wurden aus St. Marien 26 Felder geborgen, sie befinden sich heute in der Heiligen-Geist-Kirche in Wismar. Im Langhaus bestanden die Fenster wohl aus einfachem Glas in rautenförmigen Bleisprossen, falls man nicht runde Butzenscheiben verwendete. Die Wände wurden mit einer weißen oder farbigen Kalkschlämme überzogen, dabei einzelne Teile farbig abgesetzt. Auch gab es figürliche und ornamentale Wandmalereien. Erst nach der Ausmalung des Inneren konnte die Kirche geweiht werden, in dem der Weihbischof in einem feierlichen Akt zwölf Weihekreuze aufmalte. Für den Chor war dies schon 1353 erfolgt. Für den Gesamtbau ist die Weihe urkundlich nicht überliefert, wird aber um 1370/75 stattgefunden haben.

Zur mittelalterlichen Inneneinrichtung gehörten zahlreiche geschnitzte oder bemalte Altarretabel, von denen einige Stücke geborgen wurden und heute in der Nikolaikirche stehen (vgl. S. 92 ff.). Dort wird auch das 1335 wohl von Meister Johann Apengeter aus Lübeck in Bronze gegossene Taufbecken aufbewahrt (Abb. S. 105), das von einem in Form von geknoteten Tauen geschmiedeten Eisengitter aus dem 16. Jahrhundert umgeben ist und während der Ausstellung in der südlichen Turmkapelle gezeigt wird. Das mächtige Triumphkreuz aus der Zeit

um 1400 mit den Assistenzfiguren der Maria und des Johannes hängt heute im Dom zu Schwerin (Abb. S. 103). Sicher hatte die Marienkirche auch ein Chorgestühl, ein Sakramenthaus und eine gotische Orgel, die aber bereits vor der Beschädigung der Kirche 1945 fehlten.

Nachträgliche Veränderungen

Der ursprüngliche, in der Zeit um 1310 entworfene Bauplan für die gotische Backsteinbasilika von St. Marien sah keine Anbauten an Chor und Langhaus vor. Die Kapelle zwischen den Strebepfeilern an der Nordseite vor dem vierten Langhausjoch von Westen wurde 1388 geweiht, zur gleichen Zeit wie die breite Nordvorhalle und die Sakristei. Schließlich wurden vor 1414 die entsprechenden Anbauten auf der Südseite hinzugefügt. Der Ausstellungsfilm zeigt zum Schluss den vollendeten Bau von außen (Abb. Seite 28/29) und von innen (Abb. 21) und lässt zumindest virtuell den großartigen Bau wiedererstehen, dessen Verlust für das Stadtbild und die Kunstgeschichte unersetzlich ist.

Abb. 21: Bereits das Standbild aus dem Ausstellungsfilm vermittelt den großartigen Eindruck des 32,5 Meter hohen Mittelschiffs. Im Film kann man die Raumwirkung fast realistisch erleben.

Anmerkungen:

1 Kiesow 2001, S. 37 ff.
2 Werfen Sie dazu einen Blick in die CD-ROM „Wege zur Backsteingotik", Kapitel Backsteintechnik, Abschnitt Handstrichteile. Hierzu finden Sie zwei Bildschirmterminals in der nördlichen Seitenkapelle des Turmes. Die CD ist auch im Shop des Kassenraums zu erwerben und wird voraussichtlich in der zweiten Jahreshälfte 2002 als Buch erscheinen.
3 Für die Zeit der Ausstellung ist am Westturm die Nachbildung eines mittelalterlichen Steckgerüstes in die originalen Gerüstlöcher eingesteckt worden.
4 Kiesow 2001, S. 61–63
5 Vitruv: Zehn Bücher über Architektur, Wissenschaftliche Buchgemeinschaft Darmstadt, 5. Auflage 1991, S. 467–471

Literatur:

Binding, Günther: Baubetrieb im Mittelalter, Darmstadt 1993
Booz, Paul: Der Baumeister der Gotik, München 1956
Dollinger, Anja Sybille: Baubetrieb und Bautechnik – Von der Vorromanik bis zum Historismus, in: Naturstein und Umweltschutz in der Denkmalpflege, Ulm 1997, S. 167–255
Erlande-Brandenburg, Alain: Quand les cathedrales étaient peintes, Paris 1993
Gerstenberg, Kurt: Die deutschen Baumeisterbildnisse des Mittelalters, Berlin 1966
Grote, Andreas: Der vollkommen Architectus, München 1959
Hahnloser, Hans R.: Villard de Honnecourt, 2. Auflage, Graz 1972
Hasak, Max: Der Kirchenbau des Mittelalters = Handbuch der Architektur, 2. Teil Die Baustile, 3. Heft, Leipzig 1913
Kiesow, Gottfried: Kulturgeschichte sehen lernen, Band 2, Bonn 2001
Macaulay, David: Sie bauten eine Kathedrale, Düsseldorf 1998
Müller, Werner: Grundlagen gotischer Baukunst, München 1990
Viollet-le-Duc, Eugène: Encyclopédie médiévale, Band 1: Architecture, Nachdruck Bayeux 1978
Vitruv: Zehn Bücher über Architektur, Darmstadt, 5. Auflage 1991, S. 467–471

Béatrice Busjan

Zur Ehre Gottes und zum Ansehen der Stifter

Die Ausstattung der mittelalterlichen Kirchen Wismars

Dieses einzigartige Buchstabenrätsel wurde im 14. Jahrhundert auf die südliche Altarwand der Heiligen-Geist-Kirche in Wismar gemalt. Ausgehend von dem in der Mitte platzierten Buchstaben „D" liest man in alle Richtungen „Deo gracias" (Dank sei Gott). Die geometrische Konstruktion des teppichartigen Buchstabenmusters in 9 mal 11 Feldern soll 504 verschiedene Möglichkeiten zum Lesen dieses Ausrufs enthalten. Die seitlich stehenden Figuren halten Schriftbänder mit den lateinischen Inschriften „Lege si sis" (Lies, wenn Du kannst) und „Temte si vis" (Zähle, wenn Du willst) in ihren Händen und ermuntern den Betrachter, sich in das Rätsel zu vertiefen und sich auf diese Weise in ein meditatives Dankgebet an Gott zu versenken.

Hatten Ziegler und Zimmerleute ihr Werk vollbracht, den Kirchenbau hochgemauert und unter Dach und Fach gebracht, so war die Kirche noch lange nicht vollendet. Erst durch seine Ausstattung mit Altären, Kruzifixen und Andachtsbildern wurde das Kirchengebäude zu einem gottesdienstlich nutzbaren Raum. Daher bedeutete die Weihe eines Altares oft auch zugleich die Weihe des ihn umgebenden Kirchenraumes. Die Ausschmückung und Einrichtung des Innenraumes (Abb. 1) war ebenso bedeutsam, langwierig und kostspielig wie die Erbauung der Gebäudehülle. Aber wer kümmerte sich um die Ausstattung? Wer finanzierte sie und welche Handwerker und Künstler zog man hinzu?

Der Bau der Kirchen wurde unter der Leitung der Kirchenvorsteher und ihres Werkmeisters nach dem Gesamtkonzept des Baumeisters ausgeführt. Für die Herstellung der Innenausstattung gab es keine vergleichbare Gesamtleitung. Nur in den Be-

Abb. 1: Die Rekonstruktion der mittelalterlichen Wandfarbigkeit von St. Georgen, welche die jüngsten restauratorischen Befunde bildlich zusammenfasst, macht insbesondere die Fernwirkung der figürlichen Malereien an den Enden der Seitenschiffe deutlich.

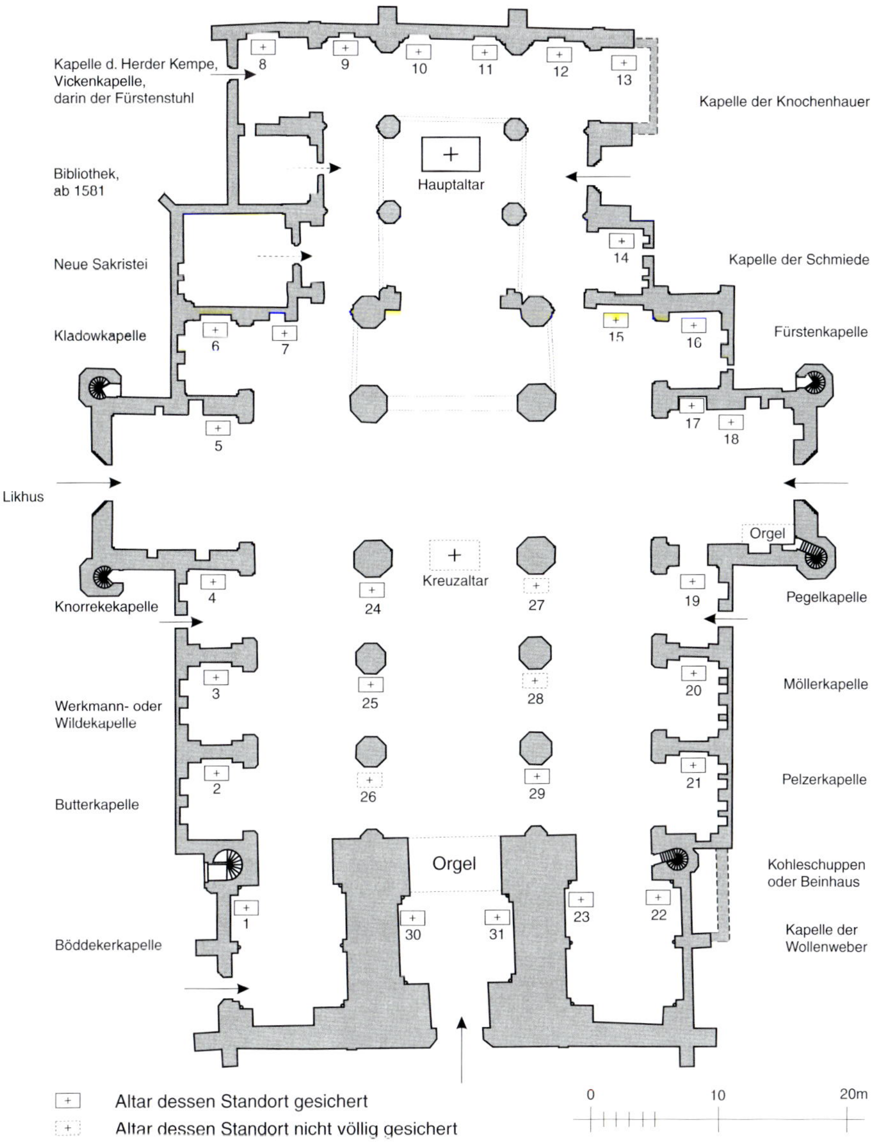

Abb. 2: Rekonstruktion der Altarstandorte in St. Georgen um 1500. Kurz vor der Reformation befanden sich in St. Georgen neben dem Hauptaltar, dem Laienaltar und dem Frühmessenaltar weitere 31 private Nebenaltäre, die überwiegend von Ämtern aufgestellt und unterhalten wurden. Altäre wurden stets gen Osten gerichtet und bevorzugt vor einer ruhestiftenden Wandfläche aufgestellt. Sämtliche nutzbaren Räume in den Kapellen sowie an den Pfeilern des Mittelschiffes und der Seitenschiffe von St. Georgen waren um 1500 mit Altären belegt.

Abb. 3: In fast allen Wismarer Kirchen schmückten Kopfkapitelle den Ansatz der Gewölbedienste. In Stuck ausgeführt konnten sie auch nach Abschluss der Maurerarbeiten angebracht werden. Oft waren die Köpfe farbig gefasst. Beispiele solcher Kapitelle sehen Sie in der Ausstellung. Gewölbekonsole, St. Nikolai

reichen, die von der gesamten Gemeinde genutzt wurden, wie etwa im Altarraum, trug der Werkmeister die Verantwortung für die innere Ausstattung der Kirche. Zahlreiche Kapellen waren jedoch in der Hand von Familien, Ämtern und anderen Gruppen (Abb. 2). Diese sorgten unabhängig voneinander für die Ausschmückung und Einrichtung dieser Räume. Sie beauftragten zumeist ansässige Künstler und Handwerker, nutzten aber auch das Können wandernder Meister und zogen bei Bedarf auswärtige Spezialisten hinzu. Die Innenausstattung gotischer Kirchen war daher stets ein Konglomerat verschiedenster Werke unterschiedlicher Auftraggeber und Ausführender (Abb. 3). Im Unterschied zur meist einheitlich konzipierten Kirchenausstattung der Renaissance oder des Barock war sie in keinen übergreifenden künstlerischen Gesamtentwurf eingeordnet. Obendrein führten notwendige Reparaturen nach Blitzschlag, Brand und Sturm, aber auch immer neue Stiftungen und Vermächtnisse zu einer beständigen Erweiterung und Erneuerung der Ausstattung mittelalterlicher Kirchen, die sich mit dem Wandel der Religiosität in der Reformation ein weiteres Mal entscheidend veränderte.

Am Beispiel der Wismarer Kirchen lassen sich noch immer der Reichtum und die Fülle der vorreformatorischen Kirchenausstattungen nachvollziehen. Und dabei befindet sich nur der geringste Teil der gotischen Kunstwerke heute noch an seinem angestammten Platz. Liturgische Veränderungen im Zuge der Reformation dezimierten die mittelalterliche Ausstattung, Brände beschädigten das Übriggebliebene, Unwetter verursachten Turm- und Gewölbeeinstürze und schließlich taten die Zerstörungen des Zweiten Weltkrieges das ihrige. Mit dem Aus-

tausch von Altären zwischen St. Marien und der Heiligen-Geist-Kirche 1563 begann im 16. Jahrhundert die Wanderung mittelalterlicher Kunstwerke innerhalb der Wismarer Kirchen, die noch immer anhält. Die drei Stadtpfarrkirchen nahmen im 19. Jahrhundert Teile der Ausstattung aus den Klosterkirchen der Franziskaner und Dominikaner auf. Seit dem Zweiten Weltkrieg bot und bietet die Nikolaikirche, die durch den Turm- und Gewölbeeinsturz von 1703 einen Großteil ihrer eigenen mittelalterlichen Ausstattung verlor, vielen mittelalterlichen Kunstwerken der Wismarer Stadt- und Klosterkirchen Asyl.

Wandmalerei

Die farbige Gestaltung des Innenraums bildete den optischen Hintergrund für die gesamte mobile mittelalterliche Ausstattung. Da die Fassung der Wände jedoch in den nachfolgenden Jahrhunderten oft mehrfach überstrichen, erneuert und verändert wurde, können heute nur umfassende restauratorische Untersuchungen, wie sie im Rahmen des Wiederaufbaus von St. Georgen durchgeführt wurden, die ursprüngliche Wandfarbigkeit einer backsteingotischen Kirche des 15. Jahrhunderts ans Licht bringen: Beim hochgotischen Neubau von St. Georgen waren die Seitenschiffwände sowie die daran anschließenden Kapellen ursprünglich weiß getüncht. Farbige Akzente in den hell gekalkten Seitenschiffen setzten die Gewölberippen, die komplementär in rot und grün verziert waren. Dieses einheitlich durchgeführte, übersicht-

Abb. 4: Der Schweriner Bischof Nikolaus Bödekker stiftete in der Kapelle seiner Familie sogenannte Marienzeiten, regelmäßige kanonische Gebete zur Verehrung der Gottesmutter. Anlässlich dieser Stiftung ließ er die Kapelle mit einer Mondsichelmadonna und einer Wurzel Jesse schmücken. 1994/95 wurde die Malerei aus konservatorischen Gründen von der Wand abgenommen und gesichert. In der Ausstellung können Sie diese in Teilen sehen. Wandmalerei, Mitte 15. Jahrhundert, St. Georgen

Abb. 5: Die um 1410/1420 entstandenen Glasfenster aus St. Marien gelten als bedeutendster erhaltener Zyklus der mittelalterlichen Glasmalerei entlang der Ostseeküste. Sie zeigen Szenen aus dem Leben Mariens und Jesu, Heiligenfiguren und eine Mariendarstellung mit Stifterbild. Die 1850 in einer Kapelle über der Sakristei von St. Marien wiederentdeckten Glasfenster wurden vor der Zerstörung im Zweiten Weltkrieg gerettet und in einem Fenster der Wismarer Heiligen-Geist-Kirche neu angeordnet.

liche Farbkonzept bildete den Rahmen für die unterschiedlichen figürlichen Wandmalereien in den Seiten- und Turmkapellen (Abb. 1, 4). Durch die Blickachsen der Seitenschiffe konnten die großflächigen und farbigen Malereien weit über ihren Anbringungsort hinaus in den Kirchenraum hineinwirken. Im Gegensatz zu den Malereien der Seiten- und Turmkapellen waren die Wandmalereien, die sich in den Seitenkapellen befanden und nur noch in Resten nachgewiesen werden können, ausschließlich auf ihren eigenen Raum bezogen. Das Mittelschiff von St. Georgen trug einen kühlen roten Anstrich, auf dem das Fugennetz weiß nachgezogen war. Durch diesen Anstrich erschienen die Wände erheblich regelmäßiger gemauert als sie tatsächlich ausgeführt sein mussten. Auch Mörtelreste, die über den Backstein verstrichen worden waren, traten auf diese Weise nicht mehr in Erscheinung. Die Wandfassung sollte also nicht etwa das Backsteinmauerwerk tarnen, stattdessen wurden Ungenauigkeiten und Verschmutzungen verdeckt, um ein Backsteinmauerwerk in idealer Form zu präsentieren und zu überhöhen. Diese Wandbehandlung findet sich nicht nur im Inneren, sondern auch am Außenmauerwerk der Kirchen: An den Portalen von St. Marien ist die originale Rotfärbung des Mauerwerks sowie der weiße Fugenstrich noch deutlich zu finden. Im Doberaner Münster gingen die Maler noch einen Schritt weiter: Sie veredelten nicht nur die vorhandene Architektur, sondern malten auch ein Triforium, klassischer Bestandteil der Wandgliederung einer französischen Kathedrale, das aber von den Baumeistern in Doberan nicht ausgeführt worden war, auf die glatt gemauerte Wand.

Glasmalerei

Neben der Farbfassung der Wände trugen die Glasfenster entscheidend zur Wirkung des gotischen Innenraums bei. Je größer die Wandöffnungen der gotischen Bauten wurden, desto wirkungsvoller wurde die Verglasung. Da man im Mittelalter dem Phänomen des Leuchtens die Fähigkeit des Erleuchtens zuschrieb, galt die Glasmalerei, die das Licht selbst zur künstlerischen Gestaltung nutzt, als vollkommene Gattung mittelalterlicher Kunst. Trotz des besonders empfindlichen Materials dieser Kunstwerke haben sich sowohl aus St. Marien (Abb. 5) als auch aus St. Nikolai farbige mittelalterliche Verglasungen erhalten. Die Herstellung dieser Fenster umfasste weit mehr Arbeitsschritte als der Begriff der Glas-Malerei vermuten lässt. Zunächst wurden Glasscheiben in unterschiedlichen Farben einzeln gebrannt. Danach wurden sie auf die benötigten Größen zurechtgeschnitten und auf der Grundlage einer Entwurfszeichnung mosaikartig mit Hilfe von Bleiruten zusammengefügt. Zum Abschluss erhielten die Gläser mit Schwarz- oder Braunlot eine Binnenzeichnung.

Die Außenhaut der gotischen Pfarrkirchen wurde im 15. Jahrhundert überwiegend durch Kapellenanbauten gebildet, die zumeist von Familien, Ämtern oder anderen Gruppen unterhalten wurden. Der Werkmeister war in diesen Räumen zwar für die Umfassungsmauern und das Dach zuständig, die Herstellung und Instandhaltung der Fenster lag jedoch bereits in der Verantwortung der jeweiligen Kapelleninhaber. Es ist daher zu vermuten, dass der größte Teil der mittelalterlichen Kirchenfenster Wismars von Privatleuten und Ämtern beauftragt und finanziert wurde.

Wie in Rostock und Lübeck waren auch im mittelalterlichen Wismar die Maler und Glaser in einem Amt vereinigt. In einer aus dem Ende des 15. Jahrhunderts stammenden Rolle des Wismarer Amtes werden die Glaser ermahnt, „kein Werk einzusetzen, ohne dass die Farben gut eingebrannt seien, auch sollten sie es mit gutem Blei fassen, nicht mit gewalztem, sondern mit geschnittenem und geschabtem".[1]

Diese präzisen Vorschriften belegen ohne Zweifel, dass farbige Verglasungen in Wismar selbst angefertigt wurden. Die Glasgemälde von St. Marien wurden inzwischen aufgrund stilistischer Vergleiche einer Wismarer Werkstatt zugeschrieben, die zwar bisher nicht namentlich fassbar ist, zu deren Werken jedoch neben den Glasgemälden von St. Marien auch der Tempziner Altar von 1411 sowie das Passionsretabel der Georgenkirche, das sich heute in der Neuen Kirche befindet, gezählt werden.[2]

Altäre und Triumphkreuze

Der Altar war als Ort der Messfeier der liturgisch wichtigste Ausstattungsgegenstand einer Kirche. Neben dem Hauptaltar im Chor, der dem Klerus vorbehalten war, und dem Laien- oder Gemeindealtar vor dem Lettner sowie dem Frühmessenaltar verfügten die Wismarer Stadtkirchen über eine Vielzahl von privaten Altären. 46 solcher Nebenaltäre wurden 1540 in St. Marien gezählt, 41 befanden sich zu Beginn der Reformation in St. Nikolai und 31 in St. Georgen. Viele dieser Altäre waren mit Retabeln, Andachtsbildern, Skulpturen und Wandbildern geschmückt. 14 verschiedene Retabel sind, wenn auch bisweilen nur noch in Teilen, von dem ursprünglichen Bestand der mittelalterlichen Altäre Wismars bis heute erhalten. Sechs von ihnen entstanden in der ersten Hälfte des 15. Jahrhunderts, die übrigen wohl am Ende dieses Jahrhunderts. Vermutlich verbirgt sich im heutigen Hauptaltar der Heiligen-Geist-Kirche das 1358 von Johannes Köster für St. Marien gemalte Retabel. Von den übrigen Altären des 14. Jahrhunderts ist keiner erkennbar erhalten.

Im 15. Jahrhundert kann nur ein Wismarer Künstler namentlich mit einem Werk verbunden werden: Henning Leptzow. Er schloss 1421 mit den Vorstehern der Parchimer Georgenkirche einen Vertrag über die Anfertigung eines Hochaltares und wird im Vertragstext als Maler und Bürger der Stadt Wismar bezeichnet. Doch gerade von ihm ist kein Wismarer Werk überliefert. Obwohl weitere Wismarer Werkstätten des 15. Jahrhunderts noch nicht namentlich fassbar sind, geht man inzwischen davon aus, dass es sich bei den erhaltenen Altären Wismars nicht um Importware zum Beispiel aus Lübeck handelt, sondern zumindest die Werke aus der ersten Hälfte des 15. Jahrhunderts in Wismar selbst hergestellt wurden.

Als Stifter traten bei den Nebenaltären Privatleute und Ämter auf. Herausragendes Beispiel einer solchen Stiftung ist der Krämeraltar (Abb. 6), den das Amt der Krämer um 1430 für ihre Kapelle in St. Marien anfertigen ließ. Das Amt der Wollen-

Abb. 6: Die Krämer, die den Kleinhandel in der Stadt betrieben, statteten um 1430 ihre Kapelle in St. Marien mit diesem prächtigen Flügelaltar aus. Die Strahlenkranzmadonna im Mittelschrein wird flankiert von dem heiligen Ritter Mauritius und dem Erzengel Michael. Dieser war zugleich der Schutzheilige der Krämerkompagnie. Krämeraltar aus St. Marien, heute in St. Nikolai, um 1430

weber stattete 1492 einen ihrer Altäre in ihrer Kapelle in St. Georgen mit einer gemalten Tafel aus, für die sie 36 Mark bezahlten. Am Hochaltar von St. Georgen (Abb. 7) hat sich der Stifter an prominenter Stelle im Mittelschrein darstellen lassen:

Abb. 7: Mit einer Höhe von gut 4 Metern und einer Breite von knapp 10 Metern ist der Hochaltar von St. Georgen das gewaltigste Altarretabel entlang der Ostseeküste. Mit geöffneten Flügeln überschreitet er sogar die lichte Breite zwischen den Chorpfeilern von St. Georgen. Offensichtlich war er im Hinblick auf die geplante, aber nicht realisierte Vergrößerung des Chores in Auftrag gegeben und ausgeführt worden.

Zwischen den alttestamentlichen Psalmisten David und Salomo, also in königlicher Gesellschaft, kniet ein Mann in betender Haltung. Seine Kleidung und insbesondere die an seinem Gürtel befestigte Geldkatze zeichnen ihn als Kaufmann aus, der sich mit seiner Bitte um Vergebung direkt an Christus und Maria wendet (Abb. 8). Nun war der Hochaltar allerdings gemeinsames Gut der gesamten Gemeinde und hätte daher auch von dieser finanziert werden müssen. Offensichtlich jedoch hatte sich für den Hochaltar von St. Georgen ein einzelner Kaufmann der Hansestadt so sehr engagiert, dass ihm eine solch prominente Darstellung am Altar zugestanden wurde.

Die ursprünglich vor dem Lettner platzierten Laienaltäre wurden im Laufe des 15. Jahrhunderts in allen Wismarer Stadtpfarrkirchen mit Triumphkreuzgruppen überhöht. Heute befindet sich keine mehr an ihrem angestammten Platz: Das 1470 aufgestellte Triumphkreuz von St. Nikolai ging 1703 verloren; die um 1420 entstandene Triumphkreuzgruppe von St. Georgen ist heute in der Südhalle der Nikolaikirche zu sehen; das um 1400 geschaffene Triumphkreuz von St. Marien (Abb. 9) ziert inzwischen den Schweriner Dom (Abb. 10), dort befinden sich auch die dazugehörigen Figuren Johannes und Maria.

Vorbild dieser Wismarer Kruzifixe war sicher das um 1365/70 errichtete Triumphkreuz im Doberaner Münster, das in einzigartiger Weise mit dem Retabel des Kreuzaltares verbunden ist. Entsprechend seiner doppelten Funktion, als Kreuzaltar sowohl den geweihten Brüdern als auch den Laienbrüdern zu dienen, wurden das Altarretabel und das Triumphkreuz doppelseitig ausgebildet. Die zum Langhaus gerichtete Seite des Triumphkreuzes zeigt den Gekreuzigten, die zum Chor gerichtete Seite eine Madonnenskulptur. Die Kreuzbalken tragen auf der Christus- und auf der Marienseite Reliefs mit Szenen aus dem Alten und Neuen Testament. Auf der Marienseite sind darüber hinaus die Symbole der vier Evangelisten angebracht. Eingerahmt werden die Balken des Kreuzes durch stilisierte Weinlaubblätter sowie halbrunde Prophetendarstellungen. Ausgehend vom Mittelflügel des Retabels, das auf der Christusseite den Sündenfall Adams und Evas und damit die Erlösungsbedürftigkeit der Welt zeigt, entfaltet sich auf dem Triumphkreuz die Heilsverheißung des Alten Testaments, die, wie es im Neuen Testament festgehalten ist, in Christus erfüllt wurde. Das Weinlaub deutet die Kreuzbalken als Baum des Lebens.

Verglichen mit dem ausgefeilten theologischen Programm des Doberaner Kruzifixes erscheinen die Triumphkreuze von St.

Abb. 8: Zu Füßen Gottvaters kniet ein Wismarer Kaufmann. Die Fürbitte vor Gott war der Beweggrund für viele Stiftungen des Mittelalters. Stifterdarstellung am Hochaltar von St. Georgen

Marien und St. Georgen einfach: Von den vielfältigen Relationen zwischen Sünde und Erlösung, Ankündigung und Erfüllung, die das Doberaner Triumphkreuz mit seinen verschiedenen szenischen Reliefs, den Evangelistensymbolen, dem Weinlaub und

Abb. 9: Als die Marienkirche 1749 einen neuen barocken Altar erhielt, versetzte man die mittelalterliche Triumphkreuzgruppe in eine der nördlichen Langhauskapellen. Die am Ende des 19. Jahrhunderts aufgenommene Fotografie gibt einen der wenigen erhaltenen Einblicke in die reiche mittelalterliche Bemalung der Kapellenwände in St. Marien.

den Prophetendarstellungen in sich birgt, sind bei den zwei erhaltenen Wismarer Kruzifixen nur die Evangelistensymbole und das Weinlaub geblieben. Im Unterschied zur Doberaner Komposition wurden die beiden Wismarer Triumphkreuze durch die Hinzufügung der jeweils doppelseitig ausgebildeten Johannes- und Marienfigur jedoch zur Dreiergruppe. Diese Zusammenstellung bildete nicht nur die Kreuzigung ab, wie sie im Johannesevangelium erzählt wird, sondern wurde vom mittelalterlichen Menschen wegen ihrer Nähe zur Deesis zugleich als Himmelsvision verstanden. Erneut vereinfacht gegenüber den aus den Stadtpfarrkirchen stammenden Triumphkreuzgruppen ist diejenige des Dominikanerklosters, die erst nach dem Umbau der Klosterkirche 1880 in der Nikolaikirche aufgestellt wurde. Im Unterschied zu den vergleichbaren Gruppen der Stadtkirchen ist sie nur auf eine Blickrichtung angelegt und verzichtet auf eine zweiseitige Gestaltung.

Über die Entstehungsumstände der Wismarer Triumphkreuzgruppen gibt es keine schriftlichen Quellen; Stifter und Künstler sind nirgends verzeichnet. Da die Triumphkreuze der Stadtpfarrkirchen zu der von der gesamten Gemeinde genutzten Ausstattung gehörten, fiel ihre Anschaffung in den Verantwortungsbereich der Werkmeister und Kirchenvorsteher der jeweiligen Kirche. Es ist daher wahrscheinlich, dass diese auch die Triumphkreuzgruppen der Wismarer Stadtpfarrkirchen in Auftrag gaben. Aber bei wem? Die Rolle der Wismarer Tischler von 1500 betonte, dass Schnitzarbeiten ausschließlich von ihrem Amt angefertigt werden sollten.[3]

Namentlich bekannt ist Ende des 15. Jahrhunderts allein der Wismarer Bildschnitzer Jaspar Steen, der im Auftrag der Vorsteher von St. Marien einen Kronleuchter mit einer Mondsichelmadonna schnitzte und dafür 1495 mit 100 Mark lübisch entlohnt wurde. Zum Vergleich: Das Triumphkreuz von St. Nikolai kostete 1470 130 Mark, leider verzeichnet die Chronik nicht, wer das Geld erhielt.[4]

Die in der Triumphkreuzgruppe des Lübecker Doms vorgefundenen originalen Notizen werfen jedoch ein genaueres Licht auf die dort beteiligten Künstler und Handwerker: Bernt Notke, der Meister der Lübecker Triumphkreuzgruppe, die 1477 im Auftrag des Lübecker Bischofs Albert Krummediek entstand, zählt einen Schnitzer, mehrere „bereder", also Zubereiter, sowie einen Maler als seine Mitarbeiter auf. In diesem Fall wurden somit alle Arbeiten in einer einzigen Werkstatt ausgeführt, in der Handwerker verschiedener Gewerke vereinigt waren. Vielleicht

Abb. 10: Das Triumphkreuz der Wismarer Marienkirche wurde Pfingsten 1992 im Schweriner Dom wiedererrichtet. Vorangegangen war eine umfassende Restaurierung des Kruzifixes, die dessen ursprüngliche mittelalterliche Farbigkeit wieder zur Geltung brachte. Die zum Kruzifix gehörenden Assistenzfiguren Maria und Johannes warten noch auf ihre Konservierung und Restaurierung.

diente die erwähnte Festlegung in der Rolle der Wismarer Tischler, dass nur sie Schnitzwerke in der Stadt herstellen dürften, gerade zur Abwehr von solchen ämterübergreifend arbeitenden Werkstätten.

Taufen und Glocken

Es ist heute kaum noch vorstellbar, welche Bedeutung die Taufe für den mittelalterlichen Menschen hatte: Nur wer getauft war, konnte darauf hoffen, nach dem Tod zu Gott zu gelangen; Ungetaufte waren nach Auffassung der Gläubigen von dem Erlösungswerk Christi ausgeschlossen. Um das Risiko für Neugeborene, ungetauft zu sterben, gering zu halten, wurden Kinder bereits kurz nach ihrer Geburt getauft. Die Taufe war aufgrund ihrer theologischen Bedeutung stets ein hervorgehobenes Fest. Jedoch wurde das Sakrament so häufig gespendet, dass es zum kirchlichen Alltag gehörte.

In der Wismarer Marienkirche wurde die Taufe an einem großen bronzenen Kessel (Abb. 11) vollzogen, der auf drei knienden Jünglingen ruht. Figürliche Reliefs, die in zwei Reihen übereinander angeordnet sind und jeweils durch Arkaturen voneinander getrennt werden, zeigen auf der Wandung der Fünte Szenen aus dem Leben Jesu und seiner Passion sowie das Jüngste Gericht, die Apostel und die Klugen und Törichten Jungfrauen. Sowohl im Gesamtaufbau als auch in der Auswahl der Szenen und ihrer stilistischen Darstellung gleicht das Wismarer Taufbecken der 1337 gegossenen Taufe der Lübecker Marienkirche. Die Lübecker Taufe wurde nachweislich von Johannes Apengeter geschaffen. Aufgrund der Ähnlichkeiten zwischen der Wismarer und der Lübecker Fünte wurde diesem Künstler auch der Wismarer Kessel zugeschrieben.

Apengeter arbeitete 1327 in Kolberg und wanderte von dort nach Lübeck, wo er seit 1332 zwölf Jahre lang wohnte. Auf seinem Weg von Kolberg nach Lübeck machte er 1331 in Rostock Station und goss für den Rat der Stadt Gebrauchsgegenstände wie zum Beispiel Hopfenscheffel. 1344 ist er als Gießer einer Taufe in Kiel nachgewiesen und taucht vier Jahre später in Halberstadt als Glockengießer auf. Bei seinem Aufenthalt in Rostock wird Apengeter den großartigen Taufkessel der Marienkirche gesehen haben, der zusammen mit seinem Deckel 1290 in Rostock gegossen wurde und noch heute als bedeutendstes Werk dieser Art im Ostseeraum gilt. Der unbekannte Meister dieser Taufe stammte vermutlich aus Niedersachsen und orientierte sich an der Hildesheimer Bronzetaufe von 1223, der ersten Fünte dieser Art in Deutschland.

Wissen verbreitete sich durch Wanderschaft: Ein wandernder Meister brachte die Errungenschaften der Hildesheimer Taufe nach Rostock. Dort wiederum erhielt der durchziehende Johannes Apengeter Anregungen für seine Taufen in Wismar, Lübeck und Kiel. Im 14. und 15. Jahrhundert kam es im norddeutschen Raum nachgerade zu einer Breitenproduktion bronzener Taufgefäße, die nun an die Seite der bis dahin weit verbreiteten Granitfünten aus gotländischem Kalkstein traten. Als Beispiele aus Wismars nächster Umgebung seien die Bronzetaufe in Parchim von 1365, die vom Ende des 14. Jahrhunderts stammende Taufe im Schweriner Dom sowie die Fünte in Gadebusch von der Mitte des 15. Jahrhunderts genannt. Die Gadebuscher Taufe wurde vermutlich von dem Lübecker Laurenz Groven hergestellt, der auch die Fünten für den Lübecker Dom (1455) und die Lübecker Jacobikirche (1466) goss.

Der Transport dieser großen, schweren Kessel war ein kräftezehrendes Unternehmen. Daher stellte man sie nach Möglichkeit direkt am späteren Gebrauchsort her. Ein ausreichend großer Schmelzofen sowie eine Gießgrube mussten dafür vorhanden sein. Eine solche Anlage, die vermutlich vom 14. Jahrhundert bis in die Mitte des 17. Jahrhunderts in Gebrauch war, wurde in Wismar bei archäologischen Grabungen im Hof des Fürstenhofes, also in unmittelbarer Nähe zur Marien- und zur

Abb. 11: Die um 1335 entstandene Taufe der Wismarer Marienkirche ist seit dem 16. Jahrhundert von einem Gitter umgeben, welches wie geflochtenes Tauwerk erscheint und der Sage nach vom Teufel selbst hergestellt worden sein soll. Gemäß dieser Legende ist in Wismar auch der Teufel zu den Künstlern und Handwerkern zu zählen, die zur Ausstattung der Kirche beitrugen.

Georgenkirche entdeckt. Sie umfasste insgesamt sieben Öfen und sechs Gießgruben und wurde nachweislich zur Herstellung von Glocken benutzt.

Die Füntenherstellung war technisch eng verwandt mit der Glockengießerei. Das Wachsausschmelzverfahren, das beiden zugrunde lag, wurde bereits im 12. Jahrhundert von dem Hildesheimer Mönch Theophilus Presbyter beschrieben: Über einem Lehmkern formte man die sogenannte „falsche" Glocke als Wachs- oder Fettschicht. Die Dicke dieser weichen Schicht, in die Verzierungen eingeschnitten oder mit Modeln gepresst werden konnten, entsprach der Dicke der späteren Glockenwand. Nachdem die Fettschicht wiederum mit einer Lehmschicht überzogen war, wurde das gesamte Glockenmodell so weit erhitzt, dass die weiche Talgschicht herauslief. Der zwischen dem Lehmkern und der äußeren Lehmschicht entstandene Hohlraum wurde mit dem geschmolzenen Erz, der sogenannten Glockenspeise, ausgegossen. Nach dem Erkalten des Metalls konnten der Kern und der Mantel entfernt und der freigelegte Glockenkörper mit der separat hergestellten Krone und dem Klöppel, soweit notwendig, ausgestattet werden.

Diese Art des Bronzegusses war ein schwieriges, risikoreiches Unterfangen und sein Gelingen von vielen äußeren Umständen abhängig: Schon ein unvorhergesehener Regenguss oder starker Wind konnten das Anheizen und Erhitzen der Form oder der Glockenspeise unmöglich machen oder unterbrechen und auf diese Weise den gesamten Guss verderben. Beim Guss einer Glocke für St. Nikolai benötigte man 1486 drei Anläufe: Zwei fehlgeschlagene Versuche wurden in der Ziegelei von St. Georgen unternommen, für den dritten Versuch zog man schließlich in die Bronzegießerei am Fürstenhof um. [5]

Wismarer Glockengießer sind bisher nicht bekannt. Obwohl kaum eine Ostseehansestadt so viele alte Glocken bewahrt hat wie Wismar, werden dennoch die Aufträge im Mittelalter nicht ausgereicht haben, um ansässige, nur auf den Glockenguss spezialisierte Handwerker zu ernähren. Die bis heute namentlich bekannten Gießer der Wismarer Glocken stammten aus den umliegenden Städten: So goss der Lübecker Thimmo Jaeger 1435 eine heute noch erhaltene Glocke für St. Marien; die Viertelstundenglocke von St. Nikolai wurde 1479 ebenso wie zehn Jahre später die Viertelstundenglocke von St. Georgen von dem Rostocker Andreas Ribe hergestellt. Die Viertelstundenglocke von St. Nikolai ist ca. 90 cm hoch und wiegt ungefähr 1 300 kg. Das bei den Taufen angesprochene Transportproblem galt auch für die Glocken. Daher reisten die Glockengießer vermutlich jeweils an die Auftragsstätte und arbeiteten mit den vor Ort zur

Verfügung stehenden technischen Einrichtungen. Die Bronzegießerei am Wismarer Fürstenhof wird daher vermutlich keinem bestimmten Handwerker gehört haben, sondern stand den verschiedenen Glockengießern jeweils für die Dauer ihres Aufenthalts zur Verfügung.

Uhren

Das Geläut der Kirchenglocken hatte nicht nur liturgische Bedeutung, sondern gab auch dem Leben außerhalb der Kirchenmauern seinen Zeittakt. Die sogenannte Wächterglocke der Nikolaikirche schlug im Sommer abends um neun Uhr und im Winter abends um acht Uhr. Regelmäßig vermerkten die Wismarer Bürgersprachen zwischen 1376 und 1480, dass es verboten sei, sich abends nach dem Läuten der Wächterglocke „ohne rechtes Gewerbe" auf der Straße aufzuhalten.[6]

Doch das Zeitraster, das der Glockenschlag vorgab, war verhältnismäßig grob und nur innerhalb der Hörreichweite der Glocke wirksam. Diese Zeitangaben reichten für die regelmäßig arbeitenden Handwerker, die ihre Werkstätten in der Stadt oder in ihrem direkten Einzugsbereich vor den Toren der Stadt hatten. Doch die Kaufleute benötigten für ihre geschäftlichen Besprechungen und Verabredungen innerhalb der Stadt und weit darüber hinaus ein genaueres und weitreichenderes Zeitsystem.

Die monumentalen astronomischen Uhren, die in den 1320er Jahren zuerst in England und in der Mitte des 14. Jahrhunderts in Straßburg errichtet wurden, waren das Vorbild für solche Mess- und Anzeigeinstrumentarien im Ostseeraum. Die erste dieser Uhren lässt sich 1379 in der Rostocker Marienkirche nachweisen. Es folgten in den nächsten 100 Jahren die Uhren im Doberaner Münster 1390, in der Stralsunder Nikolaikirche 1394, im Lübecker Dom 1405/1407, im Dom von Lund 1410/1420, in der Wismarer Marienkirche 1421 und der Danziger Marienkirche 1464/1470. Dass Gott als Schöpfer des Universums und der Zeit auch ihr Herr sei, war allen Astronomen und Uhrmachern im Mittelalter selbstverständlich und kam in der Gottesdarstellung der Lübecker Uhrscheibe zum Ausdruck.

Auf den Kalenderscheiben waren zwar kirchliche Feste und Feiertage ablesbar, doch eine unmittelbare liturgische Funktion hatten diese Uhren nicht. Mit ihnen kam ein „praktisches Möbel"[7] in die Kirchen, das die untrennbare Verzahnung des religiösen und profanen Lebens im Mittelalter nachdrücklich vor Augen führt. Häufig waren die Uhren zwischen den beiden östlichen Pfeilern des Chorumgangs, sozusagen im Rücken des Hauptaltares aufgestellt. Auch in der Wismarer Marienkirche befand sich die astronomische Uhr bis zu ihrer endgültigen Zerstörung im April 1945 an dieser Stelle. Im Unterschied zu den oben genannten Städten, die sich wohl mit je einer dieser aufwendigen und prächtigen astronomischen Instrumente in ihren Mauern zufrieden gegeben haben, waren in Wismar vermutlich alle drei Stadtpfarrkirchen bereits im 15. Jahrhundert mit solchen Uhren ausgestattet. Noch heute ist in St. Nikolai an der üblichen Stelle im Chorumgang ein durch vielfache Anstriche unscheinbar gewordenes Ziffernblatt zu sehen. Die bereits erwähnte, 1479 gegossene Viertelstundenglocke von St. Nikolai, die stets im Dachreiter der Kirche und damit direkt oberhalb des Zifferblattes aufgehängt war, könnte im Zusammenhang mit der Uhr hergestellt worden sein und somit ihrer Datierung dienen.

Die überraschende Zahl der mittelalterlichen Uhren in Wismar ist ein Indiz für hansischen Reichtum und Bürgerstolz, sie belegt aber auch das Bewusstsein der Gläubigen von der eigenen Zeitlichkeit. Dass das endliche, irdische Leben nur eine Vorstufe zum ewigen ist, dass die Art, wie man auf Erden gelebt hat, die Art des ewigen Lebens bestimmen wird und dass gottgefällige Werke auf Erden im Jüngsten Gericht eventuelle Verfehlungen ausgleichen können – diese Überzeugungen, Ängste und Hoffnungen wurzelten in jedem mittelalterlichen Menschen und bildeten die Grundlage für seine Beteiligung bei dem Bau und der Ausstattung der Kirchen. Nur vor diesem Hintergrund sind die Leistungen und Beiträge des Einzelnen zu diesen Unternehmungen, die weit über die persönliche Lebenszeit hinausreichten, verständlich.

Anmerkungen:

1 Willgeroth 1903, S. 241

2 Becksmann 1995, S. 161, folgt in der Zuschreibung der Glasmalereien Maercker 1990, S. 47, der aufgrund stilistischer Vergleiche den Meister der Scheiben von St. Marien mit dem Meister des Tempziner Altares identifiziert. Der Tempziner Altar hingegen soll laut Albrecht 1998, S. 18, aus derselben Werkstatt stammen wie das Passionsretabel von St. Georgen, das sich zur Zeit in der Neuen Kirche befindet.

3 Crull 1882, S. 64

4 Crull 1882, S. 74: „Anno domini mccccIxx dominica cantate, don wart dat nye vorguldede grote cruce gesettet bauen deme vromissen altare myd den apostelen unde loueren. Dat stund to hope bauen hundert unde xxx m."

5 Crull 1882, S. 77: „Anno domini mccccIxxxvi iare des winters, don wart de nige seygertorne ghebuwet in der kercken. ... Unde buwede den torne rede unde henghede den seyger dar yn. Unde de seyger efte de klocke wart drye ghegaten, twye buten deme Lubeschen dore bij sunte Jurien tegelhaue, wandaghes en kerckhoff gheweset, so me secht. To der drudden reyse wart se gaten up des Meklenborges haue, dar van de vorstendere grote sorghe hadden, dat se drye gaten wart."

6 Techen 1929, S. 91

7 Schukowski 1992, S. 8

Literatur:

a) Allgemein

Braun, Joseph: Liturgisches Handlexikon, Regensburg 1924.

Crull, Friedrich: Michael Kopmanns Chronik zu St. Nicolai in Wismar, in: Jahrbücher des Vereins für mecklenburgische Geschichte und Altertumskunde 47, 1882, S. 53–93
Fründt, Edith: Das Kloster Doberan, Berlin 1987
Grewolls, Antje: Die Kapellen der norddeutschen Kirchen im Mittelalter. Architektur und Funktion, Kiel 1999
Grewolls, Antje: Die Organisation des mittelalterlichen Pfarrkirchenbaues in den Städten Wismar, Rostock, Stralsund und Lübeck, in: Mecklenburgische Jahrbücher 111, 1996, S. 33–68
Ludwig, Steve: St. Georgen zu Wismar. Die Geschichte einer mittelalterlichen Pfarrkirche vom 13. bis zum frühen 16. Jahrhundert, Kiel 1998
Reinle, Adolf: Die Ausstattung deutscher Kirchen im Mittelalter, Darmstadt 1988
Schlie, Friedrich: Die Kunst- und Geschichts-Denkmäler des Grossherzogtums Mecklenburg-Schwerin, Bd. II/III, Schwerin 1898/1899
Schmidt, Carl-Christian: Das Münster zu Doberan, Berlin 1992
Techen, Friedr.: Geschichte der Seestadt Wismar, Wismar 1929, ND Schwerin 1993
Theobald, W.: Technik des Kunsthandwerks im zwölften Jahrhundert. Des Theophilus Presbyter Diversarum artium schedula, Berlin 1933, Düsseldorf 1984
Willgeroth, Gustav: Bilder aus Wismars Vergangenheit, Wismar 1903, ND Schwerin 1997

b) Wandmalerei
Zahn, Matthias: Die mittelalterliche Architekturfarbigkeit der St. Georgen-Kirche zu Wismar, in: Ludwig, Steve: St. Georgen zu Wismar. Die Geschichte einer mittelalterlichen Pfarrkirche vom 13. bis zum frühen 16. Jh., Kiel 1998, S. 180-186

c) Glasmalerei
Becksmann, Rüdiger: Deutsche Glasmalerei des Mittelalters. Voraussetzungen, Entwicklungen, Zusammenhänge, Berlin 1995
Drachenberg, Erhard / Maercker, Karl-Joachim / Schmidt, Christa: Mittelalterliche Glasmalerei in der DDR, Berlin 1979
Maercker, Karl-Joachim: Glasmalerei im Wirkungsbereich Meister Bertrams. Die Bildfenster im Heiligen Geiststift zu Wismar, in: Niederdeutsche Beiträge zur Kunstgeschichte 29, 1990, S. 34–50

d) Altäre und Triumphkreuze
Albrecht, Anna und Stephan: Die mittelalterlichen Flügelaltäre der Hansestadt Wismar. Mit einem Beitrag von Antje Grewolls. Kiel 1998
Hegner, Kristina: Der Tempziner Altar, in: Antoniterforum 5, 1997, S. 28–36
Triumphkreuz im Dom zu Lübeck. Ein Meisterwerk Bernt Notkes. Mit Beiträgen von Karlheinz Stoll, Ewald M. Vetter, Eike Oellermann, Wiesbaden 1977

e) Taufen und Glocken
Grabowski, Mieczyslaw: Eine Bronzegießerei in Wismar. Untersuchungen im Hof der Schloßanlage Fürstenhof (Unveröffentlichtes Manuskript im Landesamt für Bodendenkmalpflege Mecklenburg-Vorpommern 1999)
Grimme, Ernst Günther: Bronzebildwerke des Mittelalters, Darmstadt 1985
Hach, Theodor: Zur Geschichte der Erzgießkunst, in: Repertorium für Kunstwissenschaft 4, 1881, S. 157–182, S. 401–425
Peter, Claus: Die Glocken der Wismarer Hauptkirchen. Bestand und Quellen, in: Jahrbuch für Glockenkunde Bd. 5/6, 1993/1994, S. 69–94
Peter, Claus: Die Glocken der Wismarer Hauptkirchen. Nachtrag, in: Jahrbuch für Glockenkunde Bd. 9/10, 1996/1997, S. 73–80
Schilling, Marianne: Glocken. Gestalt, Klang und Zier, Dresden 1988

f) Uhren
Dohrn-van Rossum, Gerhard/ Westheider, Rolf: Die Einführung der öffentlichen Uhren und der Übergang zur modernen Stundenrechnung in den spätmittelalterlichen Städten Niedersachsens, in: Stadt im Wandel. Ausstellungkatalog Braunschweig 1985, Bd. 4, S. 317-331
Schukowski, Manfred: Die astronomische Uhr in St. Marien zu Rostock, Königstein im Taunus 1992
Schukowski, Manfred: Die astronomische Uhr in Wismars Marienkirche, in: Wismarer Beiträge 13, 1998, S. 20–33

GRÜNE STRASSE
SARGMACHERSTRASSE
PARKPLATZ
AUSFAHRT
ZUFAHRT
10
9
ST MA

Rundgang durch die Ausstellung

Zwischen Marktplatz und der Großbaustelle St. Georgen gelegen, erstreckt sich das Ausstellungsgelände rund um den Turm von St. Marien. Die drei Räume im Turm selbst (rot im Bild) beherbergen die Originale und den Vorführungsraum für den 3 D Film zum Bau der Marienkirche. Im Außenbereich kann der Besucher selbst Hand anlegen, zum Beispiel beim Ziegelstreichen.

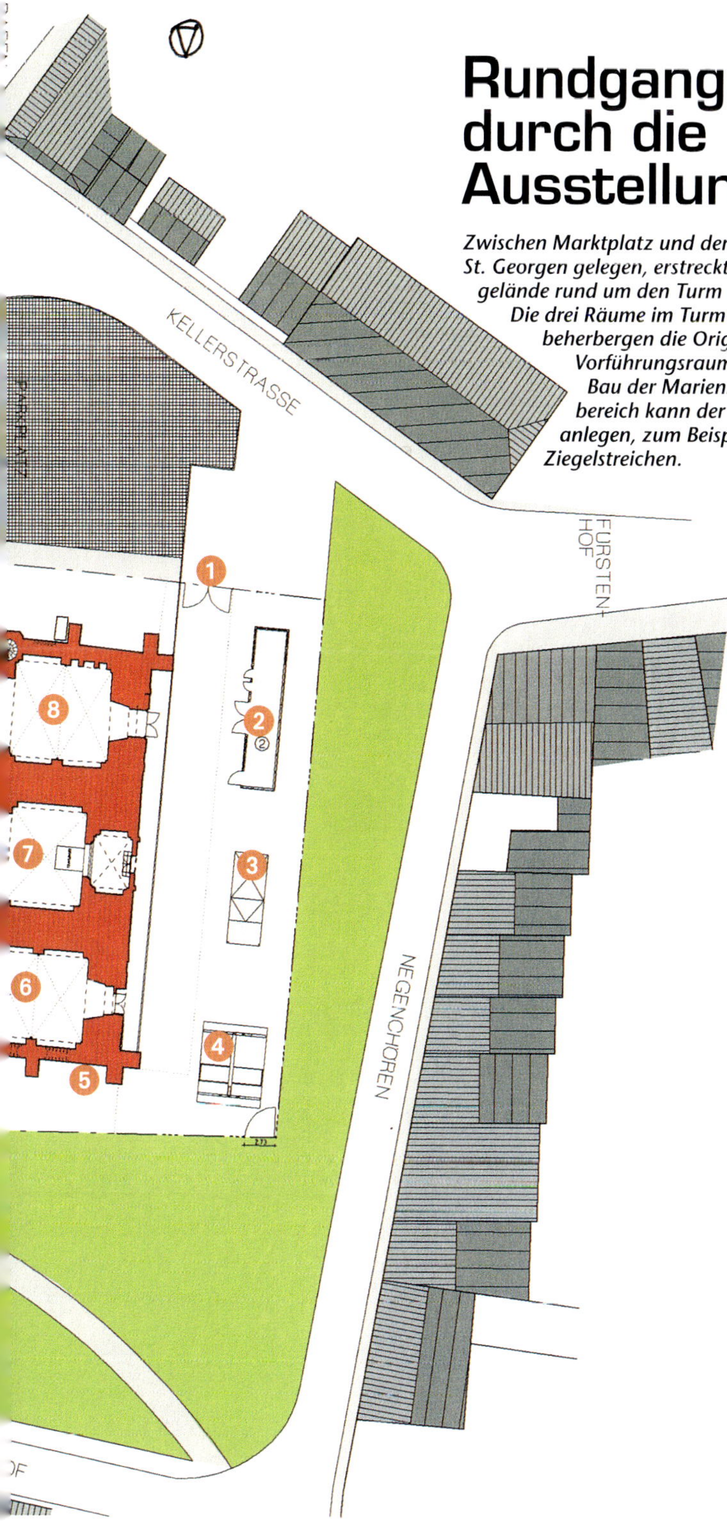

1. *Eingang zur Ausstellung*
2. *Kasse/Shop/WC*
3. *Ziegelscheune*
4. *Tretrad*
5. *Gerüst*
6. *Nordkapelle: Die Kirchen der Backsteingotik: Technik, Organisation und Finanzierung*
7. *Turmkapelle: 3-D-Filmpräsentation*
8. *Südkapelle: Die Innenausstattung: Wandmalerei, Bauplastik, Bronzeguss*
9. *Aufmauerung nach archäologischen Befunden*
10. *Skulptur von Ansgar Nierhoff*

Die Ausstellung wird am und im Turm von St. Marien und damit am originalen Schauplatz einer mittelalterlichen Kirchenbaustelle präsentiert. Sie erstreckt sich über die Freiflächen östlich und westlich des Turmmassivs von St. Marien sowie seine drei frühgotischen Kapellenräume. Im Rahmen der Ausstellung ist der Turm von St. Marien erstmals seit den Zerstörungen des Zweiten Weltkriegs und der Sprengung des Kirchenschiffs 1960 wieder öffentlich zugänglich. Der Turm ist einerseits Ausstellungsort, gleichzeitig aber auch selbst ein Exponat, kann man doch in und an den Turmkapellen die Spuren der Baugeschichte von St. Marien entdecken.

Bruno Backstein moderiert den Film, in dem man den Bau der Marienkirche Schritt für Schritt miterleben kann.

In unmittelbarer Nähe von St. Marien befindet sich die Georgenkirche, die zur Zeit wieder aufgebaut wird. Die Baustelle von St. Georgen ist während der Ausstellungsdauer in Teilen öffentlich zugänglich. Mittelalterliches Bauen in Geschichte und Gegenwart wird in St. Marien und St. Georgen ganz besonders anschaulich. Die Verzahnung virtueller Präsentationen im Film und auf CD mit realen und originalen Objekten an einem originalen Schauplatz einer gotischen Kirchenbaustelle machen den besonderen Reiz der Wismarer Ausstellung aus.

Für die im Außenbereich ausgestellten Objekte gilt „Anfassen erwünscht", denn die Besucher sollen einen realistischen Eindruck von einer mittelalterlichen Baustelle und den Arbeitsvorgängen erhalten. Mitmachstationen, wie das Streichen eines Handziegels oder ein Maßwerkpuzzle, laden dazu ein, selbst „Hand anzulegen".

Bevor der Bau einer Backsteinkirche begonnen werden konnte, musste das Baumaterial, die Backsteine, hergestellt werden. Daher befindet sich am Anfang der Ausstellung, auf der

Freifläche westlich des Turmmassivs, eine Ziegelscheune mit der Nachbildung des Arbeitsplatzes eines Zieglers sowie Trockenstellagen, auf denen unterschiedliche Ziegel zu sehen sind. Ziegelstapel neben der Ziegelscheune verdeutlichen die Tagesleistung eines Zieglers und führen das notwendige Vorhalten des Baumaterials auf der Baustelle vor Augen, denn die Steine, deren Herstellung mindestens ein Jahr dauerte, durften nicht ausgehen, wenn die Kirche Tag für Tag ein Stück wachsen sollte.

Je höher der Bau wuchs, desto schwieriger wurde es, das Baumaterial in die Höhe zu transportieren. Größere Lasten konnten mit Hilfe eines Tretrades in die Höhe befördert werden, wie man es nordwestlich von St. Marien maßstabsgetreu sehen kann. Allein dieses Modell macht deutlich, wie schweißtreibend die Arbeit auf der Kirchenbaustelle gewesen sein muss!

Die während der Bauzeit errichteten Gerüste hinterließen im Backsteinmauerwerk die charakteristischen Gerüstlöcher. Für die Ausstellung wird in den originalen Gerüstlöchern an der nördlichen Turmseitenkapelle ein solches Gerüst wiedererrichtet.

Die Turmkapelle dient als Projektionsraum des 3-D-Films „Eine Kirchenbaustelle im Mittelalter“. Bruno Backstein, das Maskottchen der Ausstellung, führt durch den Film und erklärt, wie der Grundriss vermessen wurde, wie die Ziegler, Maurer und Zimmerleute arbeiteten. Vom Abbruch des Vorgängerbaus bis zur Weihe des gotischen Neubaus von St. Marien ist der Besucher „hautnah“ dabei. Er steigt mit auf die Gerüste in schwindelerregende Höhe und hat den weiten Blick über die Stadt. Er erfährt die Dimensionen und die Mühsal dieses Bauvorhabens. Manche Überraschung, wie sie auf jeder Baustelle geschieht, ist inbegriffen! Durch die computergestützte Verarbeitung aller erhaltenen bildlichen Quellen von St. Marien ersteht zum Schluss die Kirche vor den Augen der Betrachter, wie sie bis zu den Beschädigungen und Zerstörungen des 20. Jahrhunderts die Stadt prägte.

Was diese Standbilder aus dem Film zeigen, können die Besucher auf dem Ausstellungsgelände anhand von Modellen und Nachbauten erleben.

Mit den drei innerhalb von 180 Jahren errichteten Stadtpfarrkirchen besitzt Wismar eine selten geschlossene Baugruppe backsteingotischer Kathedralen. Anhand von Modellen und Baualtersplänen der drei Wismarer Stadtpfarrkirchen kann der Besucher in der nördlichen Turmseitenkapelle selbst Vergleiche zwischen den Bauten anstellen und den Blick für charakteristische Raumformen und Grundrissbildungen der Backsteingotik schärfen. Die Darstellung der Baugeschichten der drei Wismarer Stadtkirchen lässt den Besucher die enge Verzahnung der gotischen Neubaukampagnen erkennen.

Im Archiv der Hansestadt Wismar sind Bauverträge, Schenkungsurkunden und Bauchroniken des 15. Jahrhunderts erhalten. Sie machen auch einige historische Personen fassbar: Verträge aus dem 15. Jahrhundert zu den Wismarer Kirchenbauten vermitteln einen Eindruck vom Verhältnis zwischen Provisor, Werkmeister und Baumeister und vom zunehmenden Engagement der Stifter und Spender. So wird mit diesen Exponaten die Finanzierung und Organisation der mächtigen Bauten deutlich.

Eine Kirche war noch nicht fertig, wenn ihre Mauern errichtet und ihre Dächer geschlossen waren. Erst mit der Innenausstattung konnte die Kirche genutzt werden. Was alles gehörte zu einem prächtigen mittelalterlichen Innenraum? Wer zeichnete verantwortlich für die Ausstattung der Kirche? Wandmalerei und Bauplastik, Bronzeguss und Glasmalerei werden mit exemplari-

Vertrag zwischen Hermann Münster und Konrad Bödekker über den Bau einer Kapelle an St. Georgen, 1449. Konrad Bödekker zahlte 20 Mark lübisch für den Bau der nördlichen Turmkapelle. Hermann Münster, Baumeister und Werkmeister von St. Georgen, verpflichtete sich dafür, den Fußboden, das Mauerwerk und das Dach der Kapelle zu errichten.

schen Werken Wismarer Kirchen in der südlichen Turmseitenkapelle vorgestellt.

Hauptexponat ist die um 1335 entstandene Taufe von St. Marien (Abb. S. 105), deren Gussort erst vor kurzer Zeit in unmittelbarer Nähe der Kirche am Fürstenhof lokalisiert werden konnte. Auch in diesem Ausstellungsbereich erfährt der Besucher vom handwerklichen Geschick, mit dem die Ausstattungsstücke entstanden und erhält zugleich einen Eindruck von den Beweggründen der Menschen im Mittelalter, mit denen sie ein so umfangreiches Bauvorhaben auf sich nahmen. Im Unterschied zur sachlichen Ausstrahlung der nördlichen Kapelle vermittelt die Atmosphäre in diesem Raum eine Vorstellung des „himmlischen Jerusalem“, die die Menschen des Mittelalters mit dem Erleben des Kirchenraums verbanden.

Blick in die südliche Turmkapelle, deren Gewölbe saniert sind. Um 1270 erbaut wurde die Kapelle 1376 durch das Amt der Böttcher genutzt.

1960 wurde das Kirchenschiff von St. Marien dem Erdboden gleichgemacht, der Turm ragt seitdem als Solitär gen Himmel, östlich des Turms erstreckt sich anstelle des Langhauses eine Freifläche. Nach archäologischen Grabungen wurden hier die westlichen Pfeiler des Langhauses sowie der Ansatz der Umfassungsmauern wieder aufgemauert. An der durch die Sprengung des Langhauses freigelegten Ostfassade des Turmes sind eine Reihe von Bauspuren des Vorgängerbaues erkennbar, die der Besucher am Ende seines Ausstellungsrundgangs leicht selbst identifizieren kann und somit einen Eindruck von der archäologischen Forschung erhält, die unser heutiges Wissen um das frühere Aussehen der Marienkirche stützt.

Die sonst in luftiger Höhe an der Fassade von St. Nikolai angebrachten Reliefplatten sind in der Ausstellung aus der Nähe zu betrachten.

Die zeitgenössische Skulptur von Ansgar Nierhoff, die 1995 hier aufgestellt wurde, erscheint im Zusammenhang der Ausstellung wie ein aktueller Kommentar zu St. Marien.

Geschichte Wismars

Anfang 13. Jahrhundert
Entstehung einer Kaufmanns- und Marktsiedlung

Vor 1226/1229 Erteilung des Stadtrechts

Um 1250 Entstehung der Neustadt als dritter Siedlungskern Wismars

1267 großer Stadtbrand

1276 Bau einer Stadtmauer, die die drei Stadtteile um St. Marien, St. Nikolai und St. Georgen umschließt

Vor 1306 großer Stadtbrand

Vor 1324 Bau der Kapelle Maria zur Weiden westlich von St. Marien

1329 Verlegung der herzoglichen Burg an die Stelle des heutigen Fürstenhofes

1350 Pestepidemie

1370 Stralsunder Friede

1376 Pestepidemie

Um 1380 Erwähnung von Klaus Störtebeker im Verfestungsbuch Wismars

1409–1416 Regierung des sog. Neuen Rates, an dem auch Handwerker beteiligt waren; 1416 Wiedereinsetzung des Alten Rates ohne Handwerkerbeteiligung

1427–1429 erneute Unruhen um die Ratsbesetzung, Hinrichtung von Bürgermeister Bantzkow und Ratsherr v. Haren

1433 Bau der Bantzkowschen Sühnekapelle nordwestlich von St. Marien

Anfang 16. Jahrhundert Bau des sog. Alten Hauses des Fürstenhofes

1523 Beginn der Reformation

1553/1554 Bau des sog. Neuen Hauses des Fürstenhofes

1632 Einzug der Schweden; bis 1803/1903 Zugehörigkeit Wismars zu Schweden

1850 Abriss der Bantzkowschen Sühnekapelle

2000 Antrag zur Aufnahme in die Welterbeliste der UNESCO

Geschichte der Stadtpfarrkirchen

St. Marien

1220/1230 vermutlich Errichtung einer Holzkirche

1260/70 Errichtung einer steinernen Hallenkirche (= Bau I)

Ab 1310 Abriss des Chores der Hallenkirche und Beginn des hochgotischen Chorneubaus (= Bau II)

1339 Vertrag mit Baumeister Johann Grote über die Vollendung des Chores und den Bau der Kirche

1353 Weihe des neu errichteten Chores

Um 1370 Fertigstellung des Langhauses

Ab 1375/1380 Erweiterung des Langhauses durch Seitenkapellen

1388 Bau der Nordvorhalle

Anfang 15. Jahrhundert Erhöhung des Westturmes der Hallenkirche um drei Geschosse

1414 Bau der Südvorhalle

15./ frühes 16. Jahrhundert Ersatz des gotischen Turmhelmes durch einen Dachreiter

1539 Brand des Dachreiters nach Blitzeinschlag

1661 Verlust des nach 1539 erneuerten Dachreiters bei Sturm

18. Jahrhundert teilweise Vermauerung von Fenstern und Portalen

1860er Restaurierung; Bau eines Dachreiters über dem östlichen Ende des Langhausdaches

1945 Beschädigung bei Bombenangriff am 14./15. April

1960 Sprengung des Kirchenschiffes, Verarbeitung des Baumaterials zu Schotter

Zeittafel

St. Nikolai	St. Georgen
1220/1230 vermutlich Errichtung einer Holzkirche	
1260/80 Errichtung einer steinernen Kirche (= Bau I)	1260/1280 Errichtung einer steinernen Hallenkirche (= Bau I)
	1300–1325 Neubau (= Bau II)
1339 Anstellung von Johann Becker als Werkmeister	
Vor 1381 Beginn des hochgotischen Neubaus am Chor (= Bau II)	
1381 Vertrag mit Baumeister Heinrich v. Bremen über Fertigstellung des Chores. Werkmeister ist Heidenreich Luckow.	
1403 Weihe des Chores	1404–1410 Beginn des hochgotischen Neubaus am Turm (= Bau III); Planung einer Hallenkirche
1406 Anstellung von Gottschalk von der Kolen als Werkmeister; 1414/1415 Entlassung von Gottschalk von der Kolen durch den Neuen Rat; 1406 – 1415 Eindeckung des Chores	
1415–1434 Die Bauarbeiten ruhen	1410 bis um 1440 Die Bauarbeiten ruhen
Ab 1434 Wiederaufnahme der Bauarbeiten durch Werkmeister Peter Stolp (†1456) und Baumeister Hermann Münster († um 1460); 1437 Abbruch des südl. Seitenschiffs vom Vorgängerbau; Fundament des neuen Seitenschiffs	
1438/1439 Errichtung des Giebels am Südquerhaus; 1439 Baubeginn am Mittelschiff	
	Um 1441 Fortsetzung des Neubaus unter Bau- und Werkmeister Hermann Münster; bis 1478 Errichtung des Langhauses mit den Querschiffen
1459 Weihe des Langhauses, Werkmeister Heinrich Platensleger	Um 1460 Nach dem Tod des Baumeisters Hermann Münster übernimmt Hans Martens als Baumeister die Baustelle
1462–1478 Werkmeister Hans Köster	Um 1478 Abschluss der Bauarbeiten am Langhaus; Aufgabe des Planes, auch den Chor zu erneuern
1485–1487 Bau der beiden oberen Turmgeschosse durch Baumeister Hans Martens († 1497) 1486 Errichtung des Glockenstuhls durch Zimmermeister Heinrich Never (†1498)	
1508 Sturmschaden am Glockenstuhl	1516 Bau eines Ganges vom Obergeschoss des Fürstenhofes zur Georgenkirche
1524 Einsturz einer Turmseitenkapelle	1523/1524 Reparatur von Gewölben
1544/1545 Erneuerung der 1524 eingestürzten Gewölbe	1540/1544 Errichtung der Glockenstube im Westturm
	1581 Bau der Bibliothek an der Nordseite des Chores 1594 Aufmauerung des Ostgiebels am Mittelschiff
1703 Einsturz des Turmhelmes bei Sturm: Zerstörung der Gewölbe des nördlichen Seitenschiffes und der mittelalterlichen Ausstattung	
18. Jahrhundert vollständige Erneuerung der wesentlichen Ausstattungsstücke (Hochaltar, Kanzel, Taufe)	
1867 Wiederherstellung der 1703 zerstörten Gewölbe; Erneuerung der Ausmalung	1887/1888 Renovierung des Baues; Erneuerung der Ausmalung
	1945 Beschädigung bei Bombenangriff am 14./15. April
	1957/58 neuer Dachstuhl über Mittelschiff und Vierung 1961 Sprengung der Sakristei und der Bibliothek 1977 Einsturz des 1957 errichteten Dachstuhls
	1990 Einsturz des Giebels des Nordquerhauses Beginn des Wiederaufbaus

Glossar

Amt: In Norddeutschland gebräuchliche Bezeichnung für die Zunft, die Organisationsform des mittelalterlichen Handwerks.

Arkade: (von lat: arcus = Bogen) Bogenstellung; ein sich über Stützglieder (Pfeiler, Säulen) spannender Bogen. Im Kirchenbau trennen die Arkaden Mittelschiff und Seitenschiffe. Eine Blendarkade ist ein entsprechendes Schmuckelement, das der Wand aufgeblendet ist.

Aufriss: Graphische Darstellung einer Wandgliederung (außen oder innen)

Basilika: Verbreitetste Bauform des mittelalterlichen Kirchenbaus mit Ursprüngen in der Antike. Bei der B. ist das Mittelschiff höher als die Seitenschiffe. Es wird durch Fenster im -> Obergaden belichtet.

Baufuge, Baunaht: Übergang zwischen zwei Mauerabschnitten; Baunähte kommen häufig an Bauten vor, bei denen eine lange Bauzeit technische und stilistische Unterschiede zwischen den Bauphasen zur Folge hatte.

Blendmaßwerk: B. nennt man -> Maßwerk, das einer nicht durchbrochenen Wandfläche vorgeblendet ist, im Unterschied zu Fenster-Maßwerk.

Bündelpfeiler: Pfeiler, der aus unterschiedlich starken Runddiensten zusammengesetzt scheint. Ein typisches Merkmal der spätromanischen und vor allem der gotischen Baukunst.

Bürgersprache: Regelmäßig, meist jährlich stattfindende Versammlung der Bürger einer Stadt und zugleich Bezeichnung für die bei dieser Gelegenheit verkündeten Verordnungen und Regeln.

Chor: Altarraum einer Kirche.

Deesis: Darstellung des thronenden Christus zwischen Maria und Johannes, oft als Hauptgruppe des Jüngsten Gerichts. Bildkomposition, die im frühen Mittelalter in der byzantinischen Kunst ausgebildet und von der abendländischen Kirche übernommen wurde.

Dienst, Dienstbündel: Senkrechter Viertel- bis Dreiviertelrundstab, der Gurte und Rippen gotischer Gewölbe aufnimmt. Die sog. Alten Dienste tragen dabei die stärkeren Gurte, die schlankeren Jungen Dienste die Rippen und Profile. Dienstbündel sind um einen -> Pfeiler gelegt und können dessen Kern oft ganz verstecken. D.e können Basis und Kapitell haben, müssen dies aber nicht.

Fiale: Schlankes, spitzes Türmchen als Bekrönung von -> Strebepfeilern oder als seitliche Begrenzung von -> Wimpergen; typische Zierform der Gotik.

Formstein: Backstein, der im Unterschied zum rechteckigen Normalformat an mindestens einer Längs- oder Schmalseite profiliert oder rund ausgebildet ist. Über- oder nebeneinander vermauert bilden die Formsteine Gewölberippen, Fenster- oder Portalrahmungen oder Zierfriese.

Fortifikation: Befestigung (militärisch).

Fünte: In Norddeutschland gebräuchliche Bezeichnung für Taufbecken

Georadar-Erkundung: Zerstörungsfreie Methode der Bodenuntersuchung; beruht auf der Auswertung reflektierter elektromagnetischer Impulse an Bodenschichtgrenzen oder im Boden enthaltenen Körpern mit unterschiedlichen elektromagnetischen Eigenschaften.

Gewerke: Die verschiedenen, an einem Projekt (z. B. einer Kirchenbaustelle) beteiligten Handwerkssparten (auch Zünfte).

Gurt, Gurtbogen: Begrenzt die einzelnen Gewölbefelder (Joche) in der Querachse eines Baues.

Halle, Hallenkirche: Anders als bei der -> Basilika sind bei der H. die Schiffe gleich hoch. Das Mittelschiff wird über die Seitenschiffe belichtet, die große Fensterflächen aufweisen. Siedler aus Westfalen führten diese Bauform im Gebiet der Backsteingotik ein, wo sie vor allem bei kleineren Kirchen zur Anwendung kam.

Joch: Bezeichnet das einzelne Gewölbefeld eines Bauwerkes zwischen den Stützen. Mehrere Joche hintereinander ergeben das Kirchenschiff.

Kapitell: (von lat. capitellum = Köpfchen) Oberer, oft reich verzierter Abschluss einer Stütze (Pfeiler, Säule).

Karner: (lat. carnarium) Beinhaus, eine in der Regel zweigeschossige Friedhofskapelle. Im Untergeschoss lagerten ausgegrabene Gebeine, im Obergeschoss befindet sich ein Altarraum für Totenmessen.

Kämpfer: Der Übergang von senkrechten Bauteilen in die Krümmung eines Bogens oder eines Gewölbes, der den Druck von oben ableitet; oft als Kämpferstein besonders hervorgehoben. Befindet sich der Kämpferstein an einem Pfeiler, nennt man ihn Pfeilerkämpfer.

Langhaus: Teil einer Kirche zwischen Fassade und Querhaus bzw. Chor bei einer Basilika. Zu ihm können Mittelschiff, Seitenschiffe bzw. auch Seitenkapellen gehören.

Lettner: Scheidewand an der Grenze zwischen Chor und Mittelschiff und damit zugleich zwischen dem Chor als Raum der Geistlichkeit und dem Langhaus als Laienkirche.

Maßwerk: (das „gemessene Werk") Geometrische Zierform der Gotik zur Unterteilung von Fenstern, Giebeln, Wänden, Altären etc., die auf dem mit dem Zirkel geschlagenen kreisförmigen Pass aufbaut. Im Verlauf der Gotik entstanden immer variantenreichere, phantasievollere Gebilde.

Mittelschiff: Mittlere Raumeinheit einer mehrschiffigen Anlage. Von den Seitenschiffen ist es durch (Scheid-)Arkaden abgetrennt.

Mönch-Nonnen-Deckung: Mittelalterliche Dachdeckung aus Hohlziegeln. Der konvex (nach oben) gewölbten Dachziegel, der „Mönch", wird über dem konkav (nach unten) gewölbten Ziegel, der „Nonne" angeordnet.

Mörtel: Gemisch aus Bindemittel (Kalk, Gips, heute auch Zement), Sand o. ä. und Wasser zum stabilen und weitgehend wasserdichten Verbinden von Mauersteinen oder Verputzen von Wänden und Decken. Für Kalk wurde Kalkstein oder Muschelschlick aus dem Wattenmeer gebrannt und mit Wasser gelöscht. Die Denkmalpflege bemüht sich um eine Annäherung an die historischen Mörtel.

Morgensprache: Regelmäßig stattfindende Mitgliederversammlung des Amtes und zugleich Bezeichnung für die bei dieser Gelegenheit erlassenen Gebote und Satzungen.

Obergaden: Durchfensterte Hochwand des Mittelschiffs einer -> Basilika oberhalb der Dächer der Seitenschiffe.

Pfeiler: Vertikale Stütze zwischen Öffnungen, meist auf quadratischem, rechteckigem oder -> polygonalem Grundriss (-> Bündelpfeiler). Der Rundpfeiler unterscheidet sich von der Säule durch seinen einheitlichen kreisrunden Grundriss, wohingegen sich die Säule in der Mitte verbreitert (Entasis) und nach oben verjüngt. Der P. kann Basis und -> Kapitell oder einen -> Kämpfer haben. Handelt es sich um einen Wandpfeiler, spricht man von Pilaster.

Polygon, polygonal: Vieleck; den vieleckigen Schluss eines -> Chores, wie er in der Gotik üblich ist, nennt man Chorpolygon.

Pfeilerkämpfer: -> Kämpfer.

Pultdach: Halbes Satteldach, das nur aus einer schrägen Dachfläche besteht. Bei Kirchen ist der Umgangschor oft mit einem P. gedeckt.

Querschiff: Quer zum -> Langhaus verlaufender Bauteil vor dem Chor einer Kirche.

Retabel: Altaraufsatz, der als Tafel oder Schrein ausgebildet ist, Flügel besitzen kann und gemalte oder plastische Darstellungen trägt. Im deutschen Sprachgebrauch wird das Retabel oft einfach Altar genannt.

Richtscheit: Ein hölzernes, gleichseitiges oder gleichschenkliges Dreieck, an dessen oberer Spitze ein Lot angebracht war.

Rus: Bezeichnung für das Kiewer Reich vom 10. bis 12. Jahrhundert.

Schildbogen: Wandbogen, ein Bogen an der Wand- oder Fensterseite eines Gewölbes, im Unterschied zu den freistehenden Scheidbögen, die die Schiffe voneinander trennen.

Steckgerüst: Holzsparende Baugerüste des Mittelalters, die mit dem Mauerwerk „verzapft" waren, indem man die horizontalen Querbalken in bereits vorgesehene Lücken des Mauerwerks steckte. Auf diese Querbalken konnte man Bretter als „Laufsteg" auflegen. War die auf einer Gerüstebene erreichbare Höhe vermauert, zog man die Holzbalken aus den Löchern und steckte sie einfach in die nächsthöheren Zwischenräume. Diese Gerüstlöcher sind noch heute in regelmäßigen Abständen an vielen Backsteinkirchen erkennbar.

Strebebogen: Ein schräg ansteigendes Bogenstück am Äußeren der Seitenschiffe, der den Gewölbeschub vom Hochschiff einer gotischen -> Basilika auf den darunterliegenden -> Strebepfeiler überträgt. Zusammen mit dem Strebepfeiler bildet der S. das Strebewerk.

Strebepfeiler: Die beiden Grundprinzipien gotischer Architektur, Gewölbe und möglichst durchbrochene Wände, machten St. notwendig, die den Gewölbeschub nach unten ableiten. Die Außenmauern wurden durch St. verstärkt, die entweder nach außen vorspringen oder – seltener – in den Raum eingezogen sein können. Siehe auch Strebebogen.

Triforium: Schmaler Laufgang zwischen den -> Arkaden oder Emporen und den Obergadenfenstern einer -> Basilika; das T. ist durch Arkaden zum Mittelschiff geöffnet; typisches Element der gotischen Wandgliederung; auch ohne Laufgang als Blendtriforium möglich.

Triumphkreuz: Zumeist plastische Darstellung des Kruzifix vor dem Hochchor der mittelalterlichen Kirche, oft mit den Begleitfiguren Maria und Johannes. Das T. konnte auf einem Balken, der zwischen den Vierungspfeilern eingelassen war, montiert werden (wie in St. Georgen in Wismar oder im Lübecker Dom), Teil des Kreuzaltares sein (wie im Doberaner Münster) oder seltener auf dem Lettner angebracht werden.

Umgangschor: Ein -> Chor, um den ein Umgang herumgelegt ist. In der Backsteingotik schließt sich an den U. oft noch ein Kapellenkranz an.

Verband: Es bestehen zahlreiche Möglichkeiten, (Back-)Steine regelmäßig aufzumauern, z. B.: Beim Binderverband ist nur die Schmalseite der Steine sichtbar, während beim Läuferverband die Längsseite in der Mauerfläche liegt. Beim Rollverband sind hochkant gestellte Binder aneinander gefügt. Beim wendischen V. wechseln sich je ein Läufer und Binder ab, beim gotischen sind zwei Läufer und ein Binder zusammengefügt.

Walmdach: Dachform mit vier schrägen Dachflächen über allen vier Gebäudeseiten; kommt sowohl bei Wohnhäusern als auch bei Kirchtürmen vor.

Weltchronik: Eine im Mittelalter sehr beliebte Gattung der Geschichtsschreibung, die den Bogen von der Schöpfung bis in die eigene Zeit oder bis zum Ende der Welt spannt. Die Weltchronik ist eine deutschsprachige Erscheinung.

Wedde: Innerstädtische Behörde, die die Aufsicht und Gerichtsbarkeit in Handel, Markt und Gewerbe sowie polizeiliche Aufgaben wahrnahm. Sie wurde von Weddeherren geleitet.

Weichbild: Nähere Umgebung der Stadt, auf die diese auch rechtlichen Einfluß hatte.

Wendisches Quartier: (Wenden = slawische Bevölkerung der kontinentalen Ostseeküstenregion vor der Christianisierung). Im September 1259 wurde von Wismarer, Lübecker und Rostocker Kaufleuten ein Vertrag zum gegenseitigen Schutz des Seehandels unterschrieben. Diese regionale Vereinbarung wird als Beginn des W. Q., einer „Regionalgliederung" der Hanse, angesehen. Ihr schlossen sich später auch die Städte Anklam, Demmin, Greifswald, Stettin und Stralsund an.

Willküren: Vom Rat erlassene, innerstädtische Regelungen mit Gesetzeskraft.

Wimperg: Giebelartige Bekrönung gotischer Portale und Fenster mit Maßwerkverzierung. Ein Wimperg ist mit Krabben (Kriechblumen) besetzt und wird von einer Kreuzblume bekrönt; oftmals flankieren ihn -> Fialen.

Foto: Jens Gehring/Caro

Ortsregister

Hier fördert die Deutsche Stiftung Denkmalschutz

Mit St. Georgen in Wismar verbindet sich die Arbeit der Deutschen Stiftung Denkmalschutz und der Aufbau einer großen Fördergemeinde wie mit kaum einem anderen Bauwerk. War sie doch das erste Förderprojekt der Stiftung jenseits der ehemaligen innerdeutschen Grenze. Nach dem Bombenangriff im April 1945 ohne Dach und Gewölbe, stürzte in einer Orkannacht im Januar 1990 der Nordgiebel auf die gegenüberliegende Häuserzeile. Bereits im Frühjahr 1990 bemühten sich engagierte Bürger und Institutionen um die Hilfe der Stiftung. So dass noch im gleichen Jahr die Notsicherungsarbeiten beginnen konnten. Zu diesem Zeitpunkt legte die Ruine ein erschreckendes Zeugnis ab vom Zustand vieler Kirchen in den östlichen Bundesländern.

In beispielhafter Weise und mit unglaublichem Optimismus nahmen die Kommune, die Vereine und die Bürger den Wiederaufbau der Georgenkirche in Angriff – immerhin ein Projekt,

Wo vor zehn Jahren Gras und Büsche ihre Wurzeln in das Mauerwerk zwängten, schützt seit Anfang 2001 wieder ein Dach die neu errichteten Gewölbe.

für das 20 Jahre Bauzeit veranschlagt wurden. Die Deutsche Stiftung Denkmalschutz unterstützt diese Anstrengungen mit Spendenaufrufen für die Georgenkirche und mit Mitteln aus der Lotterie GlücksSpirale und setzte somit bundesweite Hilfe für den Backsteinbau in Gang. Inzwischen bestehen in der Verwaltung der Deutschen Stiftung Denkmalschutz sogar zwei treuhänderische Stiftungen für St. Georgen.

Von den Mauern der Georgenkirche aus fotografiert: Die Nikolaikirche und der Turm der Marienkirche überragen die Stadt.

So wie im Mittelalter die Bürger der Stadt Wismar innerhalb weniger Jahrzehnte gleichzeitig drei Stadtkirchen errichteten, stellt sich die städtische Gemeinschaft heute der Herausforderung, diesen drei Kirchen und der vielfältigen historischen Bausubstanz Wismars jene Pflege zukommen zu lassen, die nach der jahrelangen Vernachlässigung notwendig geworden ist.

Neben dem Wiederaufbau von St. Georgen, den die Deutsche Stiftung Denkmalschutz Jahr für Jahr finanziell und beratend begleitet, steht bereits seit 1991 die Nikolaikirche auf der Förderliste. Als einzige der drei Wismarer Kirchen hat sie die Bombenangriffe von 1945 unbeschadet überstanden, so dass ihr Innenraum noch heute den mittelalterlichen Raumeindruck vermittelt. Gewölbe und Farbfassung waren jedoch durch das undichte Dach gefährdet. Die Stiftung stellte für die Dachstuhlsanierung im Chorbereich, für Holzschutzmaßnahmen, Maurerarbeiten und die Dachneueindeckung Mittel bereit. Eine hohe Einzelspende galt der Restaurierung des Krämeraltars (Abb. S. 99), der aus der zerstörten Marienkirche gerettet werden konnte und heute in St. Nikolai steht.

Für die statische Sicherung des Turms der Marienkirche, für die Konservierung der Malschichten und Putze in den Turmkapellen und für die Vorbereitung einer zukünftigen Nutzung als Ausstellungsort setzte die Deutsche Stiftung Denkmalschutz ebenfalls Mittel ein, damit der nach der Sprengung des Kirchenschiffs übrig gebliebene Teil des dritten Backsteinriesen Wismars im Stadtbild erhalten bleibt.

In der Heiligen-Geist-Kirche, ursprünglich auch ein Bauwerk der Backsteingotik, sind mehrere Ausstattungsstücke aus der Georgenkirche in liturgischem Gebrauch.

Die 1326 geweihte spätgotische Hallenkirche des Heiligen-Geist-Spitals erhielt nach dem Einsturz des gotischen Tonnengewölbes 1699 eine Holzbalkendecke und eine barocke Innenausstattung. Auch bei der Heiligen-Geist-Kirche sind die großen Dachflächen erneuerungsbedürftig. Daher beteiligt sich die Stiftung seit dem Jahr 2000 an mehreren Abschnitten der Dachsanierung. Die Restaurierung der Deckenmalerei wird noch bis zum Ende der Dacharbeiten warten müssen.

1945 konnte man einen Teil der kostbaren Ausstattungsstücke aus der Georgenkirche bergen. Seit 1996 wird das Kunstgut parallel zum Wiederaufbau von St. Georgen restauratorisch gesichert. Vor allem die Kunstgegenstände aus Holz sind durch Wurmbefall und Braunfäule gefährdet, die farbigen Fassungen teilweise verloren. Das Holz muss wieder gefestigt werden – eine Geduldsarbeit mit Pinzette und Pinsel, die viel handwerkliches Geschick erfordert. Das spätgotische Marienretabel aus St. Georgen mit der Muttergottes zwischen den Hauptpatronen Ritter Georg und Martin von Tours gehört zu den bedeutendsten Schreinen der norddeutschen Kunstlandschaft. Er ist jedoch durch Übermalungen, Verschmutzungen und andere Mängel in seiner Wirkung erheblich gemindert und wird noch jahrelang in der Restaurierungswerkstatt bleiben müssen.

Förderprojekte in Wismar

- *St. Georgen*
- *St. Georgen, Kunstgutsicherung*
- *St. Marien*
- *St. Nikolai*
- *Heiligen-Geist-Kirche*
- *Wasserkunst*
- *Wassertor, Spiegelberg 68*
- *Häuserzeile, Georgenkirchhof 5–7*
- *Lübsche Straße 72*
- *Runde Grube 4*
- *Jugendstilensemble, Hinter dem Chor 5/7*

Der spätgotische Altarschrein der Anna Selbdritt, ebenfalls umgeben von Martin und Georg, wurde erst 1997 wieder aufgefunden und befindet sich heute in der Nordkapelle der Heiligen-Geist-Kirche. Der Schrein ist inzwischen – auch mit Hilfe der Stiftung – restauratorisch gesichert. Der Deckel der Tauffünte und Bestandteile der Triumphkreuzgruppe aus St. Georgen sind bereits restauriert.

Der Passionsaltar, ein Triptychon, das im ersten Viertel des 15. Jahrhunderts in Wismar entstand, wartet zur Zeit in der Neuen Kirche auf den Umzug in die Restaurierungswerkstatt. Die Tafeln sind stark übermalt und mit Papier beklebt, das Faser für Faser vorsichtig abgenommen werden muss.

Für den spätgotischen Thomasaltar sind weitere umfangreiche konservatorische Maßnahmen notwendig, ebenso wie für die Tafelbilder des prächtigen Hochaltars aus St. Georgen, der nun ebenfalls in der Nikolaikirche steht.

So wie im Mittelalter die angesehenen Bürger für die Ausstattung der Kirchen sorgten, sind heute erneut Spender und Stifter aufgerufen, die Restaurierung des wertvollen Kunstgutes zu unterstützen. Unter dem Motto „Damit Vergangenheit Zukunft hat“ wurde die Deutsche Stiftung Denkmalschutz 1985 unter der Schirmherrschaft des Bundespräsidenten gegründet. Eine große Förderergemeinde von über 110 000 privaten Spendern und Stiftern, Unternehmen und Institutionen unterstützt die Stiftung bei der Umsetzung ihrer beiden Satzungsaufträge: bedrohte Baudenkmale zu bewahren sowie den Gedanken des Denkmalschutzes in breite Kreise der Bevölkerung zu vermitteln und sie zu aktiver Mithilfe aufzurufen. Diesem Ziel dient auch das vorliegende Buch zur Ausstellung im Rahmen der Gemeinschaftsinitiative „Wege zur Backsteingotik".

Denn nur, wer die Schönheit unserer Kulturlandschaft und ihre Geschichte kennt, wird dazu beitragen, sie zu bewahren. Dank der Erträge aus der Fernsehlotterie GlücksSpirale, privaten Spenden und zeitweisen Mitteln des Bundes konnte die Stiftung seit 1990 über 250 Millionen Euro für mehr als 2100 bedrohte Baudenkmale in der gesamten Bundesrepublik zur Verfügung stellen. Wie hier in Mecklenburg-Vorpommern warten jedoch noch zahlreiche Bauwerke auf Bewahrung vor dem Verfall.

Daher gilt der Aufruf der Stiftung weiterhin:

Rette mit – wer kann!

Spendenkonto Backsteingotik

Deutsche Stiftung Denkmalschutz
Konto 130 115 116
Norddeutsche Landesbank
Schwerin
BLZ 250 500 00

Der älteste König aus dem Dreikönigsaltar vor und nach der Restaurierung. Die vier Hauptfiguren des Dreikönigsaltars sind erhalten und haben nach der Restaurierung wieder einen Platz in der Heiligen-Geist-Kirche gefunden.

Weitere Informationen:
Deutsche Stiftung Denkmalschutz
Koblenzer Straße 75
53177 Bonn
Tel. 0228 / 95738-0
www. denkmalschutz.de

Bildnachweis

Umschlaggestaltung, Plakate: ESKOM Partner, Hamburg: S. 8, 9
Titelfoto: Th. Scherz, Hamburg, Plakatmotive: S. 8, 9 (Rostock, Greifswald) S. Brimberg (National Geographic; Premium Stock Photography): Plakatmotive: S. 9 (Lübeck, Stralsund)

Vorwort: Stadtgeschichtliches Museum der Hansestadt Wismar

Wismar Stadtgeschichte
Archiv der Hansestadt Wismar: Abb. 2, 11 (Repro: H. Volster) · BauGrund Wismar: Abb. 4 · B. Busjan, Wismar: Abb. 5, 8, 9 · M.-L. Preiss/DSD: Abb. 6, 10 · Stadtgeschichtliches Museum der Hansestadt Wismar: Aufmacher S. 13 (Repro: Th. Helms), Abb. 1 (Repro: H. Volster), Abb. 3, 7

Marienkirche
Aufmacher: Procon GmbH, Mainz · Dehio 2000: Abb. 10, 11, 13, 14, 16, 18, 19, 21–27, 34–38, 58 · D. Ellger 1951: Abb. 5, 15 · G. Kiesow: Abb. 1, 2, 4, 39–44, 48, 50, 52–56 · Landesamt für Denkmalpflege Mecklenburg-Vorpommern: Abb. 9, 20 (H. Ende) · S. Ludwig: Abb. 7 · F. Monheim, Neuss: Abb. 49 · M.-L. Preiss/DSD: Abb. 45, 46, 60 · Procon GmbH, Wiesbaden: Abb. 6, 8, 30, 51 · F. Schlie 1898: Abb. 12, 17 · Stadtarchiv Wismar: Abb. 3, 31, 32, 47, 57, 59, 61 (W. Preiss: Abb. 28, 29, 43)

Baustelle
Archiv der Hansestadt Wismar: Abb. 10 · G. Binding/A. Steinmetz, WBG, Darmstadt 1993: Abb. 1, 6 (Abb 1: Wien, Österr. Nat.bibl., Cod. 2554) · Bibliothèque Nationale de France: Abb. 5 (ms. fr. 19093) · Burgerbibliothek Bern: Abb. 16 (Mss.h.h. I 16, S. 755) · E. Frodl-Krafft: Abb. 3 · Hansestadt Wismar, Amt für Denkmalpflege: Abb. 19, 20 · Kassel, Universitätsbibliothek, Landesbibliothek und Murhardsche Bibliothek der Stadt Kassel: Abb. 13 (2° Ms. theol. 4, fol. 28 r ab) · G. Kiesow: Abb. 8, 9 · German. Nationalmuseum Nürnberg: Abb. 2, 7, 11 (Passio Sancti Meynhardi), 17 · The Pierpont Morgan Library / Art Resource, NY:·Abb. 14 (Altes Testament, MS.M638, f.3) · Procon GmbH, Mainz: Abb. 18, 21 · Württembergische Landesbibliothek Stuttgart: Abb. 15 (Cod. 2° Bibl. 5, fol. 9v) · E. Viollet-le-Duc: Abb. 4, 12

Ausstattung
Archiv der Hansestadt Wismar: Abb. 4, 7, 9 · B. Busjan, Wismar: Abb. 3 · Hansestadt Wismar: Aufmacher S. 90 · Landesamt für Denkmalpflege Mecklenburg-Vorpommern: Abb. 10 (Foto: A. Bötefür), Abb. 11 (Foto: Th. Helms) · S. Ludwig, Kiel: Abb. 2, 6, 8 · Tourismuszentrale der Hansestadt Wismar: Abb. 5 · M. Zahn, Schwerin: Abb. 1

Rundgang
Angelis & Partner, Wismar: S. 110/111 · Archiv der Hansestadt Wismar: S. 114 · Procon GmbH, Mainz: S. 112/113 · M.-L. Preiss: S. 115 · Projektakte Deutsche Stiftung Denkmalschutz: S. 115

Stiftung
A. Pfotenhauer: S. 123 · M-L. Preiss: S. 124, 125 · Projektakte S. 127

Impressum
Gesamtorganisation, Redaktion: Gerlinde Thalheim
Redaktionelle Mitarbeit, Apparat: Sonja Lucas · Gestaltung: Michael Marasson · Satz: Rüdiger Hof · Druck: Konkordia Druck, Bühl

Verlag: Monumente Publikationen der Deutschen Stiftung Denkmalschutz, Dürenstraße 8, 53173 Bonn, Tel. 0228/95735-0, Fax 0228/95735-28

Die Deutsche Bibliothek – CIP-Einheitsaufnahme:
Wismar : Bauten der Macht / Beitr. von Béatrice Busjan, Gottfried Kiesow ; Vorw. Harald Ringstorff ; Rosemarie Wilcken. - Bonn : Dt. Stiftung Denkmalschutz, Monumente Publ. 2002 (Wege zur Backsteingotik ; 2)

ISBN 3-935208-14-6 · Gesamtausgabe ISBN 3-935208-12-X